essentials

Springer Essentials sind innovative Bücher, die das Wissen von Springer DE in kompaktester Form anhand kleiner, komprimierter Wissensbausteine zur Darstellung bringen. Damit sind sie besonders für die Nutzung auf modernen Tablet-PCs und eBook-Readern geeignet. In der Reihe erscheinen sowohl Originalarbeiten wie auch aktualisierte und hinsichtlich der Textmenge genauestens konzentrierte Bearbeitungen von Texten, die in maßgeblichen, allerdings auch wesentlich umfangreicheren Werken des Springer Verlags an anderer Stelle erscheinen. Die Leser bekommen „self-contained knowledge" in destillierter Form: Die Essenz dessen, worauf es als „State-of-the-Art" in der Praxis und/oder aktueller Fachdiskussion ankommt.

Jörg B. Kühnapfel

Vertriebsprognosen

Prof. Dr. Jörg B. Kühnapfel
Hochschule Ludwigshafen am Rhein
Deutschland

ISSN 2197-6708   ISSN 2197-6716 (electronic)
ISBN 978-3-658-05524-0   ISBN 978-3-658-05525-7 (eBook)
DOI 10.1007/978-3-658-05525-7

Die Deutsche Nationalbibliothek verzeichnet diese Publikation in der Deutschen Natio-
nalbibliografie; detaillierte bibliografische Daten sind im Internet über http://dnb.d-nb.de
abrufbar.

Springer Gabler
© Springer Fachmedien Wiesbaden 2014
Das Werk einschließlich aller seiner Teile ist urheberrechtlich geschützt. Jede Verwertung,
die nicht ausdrücklich vom Urheberrechtsgesetz zugelassen ist, bedarf der vorherigen
Zustimmung des Verlags. Das gilt insbesondere für Vervielfältigungen, Bearbeitungen,
Übersetzungen, Mikroverfilmungen und die Einspeicherung und Verarbeitung in elektroni-
schen Systemen.

Die Wiedergabe von Gebrauchsnamen, Handelsnamen, Warenbezeichnungen usw. in diesem Werk berechtigt auch ohne besondere Kennzeichnung nicht zu der Annahme, dass
solche Namen im Sinne der Warenzeichen- und Markenschutz-Gesetzgebung als frei zu
betrachten wären und daher von jedermann benutzt werden dürften.

Gedruckt auf säurefreiem und chlorfrei gebleichtem Papier

Springer Gabler ist eine Marke von Springer DE. Springer DE ist Teil der Fachverlagsgruppe
Springer Science+Business Media
www.springer-gabler.de

Was Sie in diesem Essential finden können

- Verständnis für die besonderen Probleme, die Zukunft voraus zu sagen
- Grundregeln, um einen treffsicheren Vertriebs-Forecast zu erstellen
- Die wichtigsten Forecast-Methoden im Überblick
- Anleitung, wie Forecasts erstellt werden können
- Anwendungsbeispiel als Musteranleitung für den Forecast eines b2b-Unternehmens

Vorwort

Die Grundlagen für dieses Essential bilden Erörterungen im Buch „Vertriebscontrolling" von Jörg B. Kühnapfel (Springer Gabler 2013). Für die Veröffentlichung in der Reihe Essentials wurde der Text aktualisiert und überarbeitet.

Inhaltsverzeichnis

Prognosen bzw. Forecasts als Grundlage der Vertriebsplanung 1

Bei Durchsicht der – meist englischsprachigen – Literatur zu diesem Thema, stoßen wir auf ca. 30 grundsätzliche Methoden, die helfen, den zukünftigen Absatz vorauszusagen, viele davon mit Unterarten. Wir finden kreative Verfahren, Verfahren auf Basis von Expertenwissen, solche, die einfache Mathematik benötigen, wie sie jedes Tabellenkalkulationsprogramm beherrscht und ökonometrische Verfahren, die Spezialisten vorbehalten bleiben. Hier beschränken wir uns auf die Methoden, die sich hier auch erklären lassen, ohne dass ein Studium der statistischen Methodenlehre vorausgesetzt wird. Ziel ist, dass Vertriebscontroller – oder wer auch immer im Unternehmen dafür verantwortlich sein mag – Vertriebsprognosen erstellen kann. Bevor wir damit beginnen, soll erläutert werden, wozu Prognosen (engl.: Forecast, Prediction, Projection) taugen, was sie also zu leisten im Stande sind, und wie mit Ihnen umzugehen ist. Dieser korrekte Umgang mit Prognosen ist keine Selbstverständlichkeit. Natürlich sind sie Grundlage jeder Planung. Aber Prognosen sind keine Zielplanungen und erst recht nicht die Abbildung von Visionen oder Wünschen. Prognosen sind Zukunftsprospektionen auf Basis nachvollziehbarer Modelle und Annahmen. Dies wird im der betrieblichen Praxis oft verwechselt: Da wird die Zielplanung zur Prognose und umgekehrt.

Warum ist der Forecast wichtig?   2

Den Ausgangspunkt der operativen Unternehmensplanung bildet die Absatzprognose (der Begriff „Forecast" wird nachfolgend synonym verwendet). Hier findet sich die Abschätzung, wie viele Abverkäufe das eigene Unternehmen in der Planungsperiode tätigen wird, also wie vielen Kunden welche Produkte in welcher Menge und zu welchem Preis verkauft werden. Im Sinne dieses Beitrags ist der Vertriebs-Forecast **ein Modell zur Prognose des zukünftigen Verkaufserfolgs**.

2.1   Die Bedeutung der Prognose für das Unternehmen

Die Prognose benennt bestenfalls den Umsatz, die Menge und die Produkte, vielleicht sogar die Kunden, jeweils für eine zukünftige Periode. Dies sind wertvolle Informationen, denn darauf können nun alle anderen Unternehmensbereiche aufbauen und ihrerseits planen, die Fertigung plant das Produktionsprogramm, der Einkauf die zu beschaffenden Roh-, Hilfs- und Betriebsstoffe oder die zu ordernde Handelsware, die Personalabteilung die „Manpower" und so fort. Jeder Funktionsbereich weiß genau, was er – zumindest für die Planungsperiode – benötigt. Überkapazitäten oder Engpässe können ausgeschlossen werden. Je langfristiger und verlässlicher eine Absatzprognose die Zukunft beschreibt,

- desto planbarer ist die Unternehmensentwicklung,
- desto geringer fallen Kosten für Risikopuffer aus und
- desto größer ist folglich das Betriebsergebnis.

Dem Vertriebs-Forecast müsste folglich ein entsprechender Stellenwert in Unternehmen zukommen. Tatsächlich aber ist es in den meisten Unternehmen anders:

Es gibt zwar einen Forecast des Vertriebs, aber die Bereichsverantwortlichen planen auf Basis der Vorjahres- oder Vorquartalswerte, vielleicht angepasst durch die Zielvorgaben der Unternehmensführung. Ressourcen werden verschwendet, weil dem Vertriebs-Forecast nicht geglaubt wird. Dieses Misstrauen ist oft genug begründet: Die Prognosen, die in der Vergangenheit aufgestellt wurden, erwiesen sich als derart unzureichend, dass sie bestenfalls zur Steuerung der Vertriebsinstanzen, nicht aber zur Steuerung anderer betrieblicher Funktionalbereiche verwendet werden konnten. Die Forecasts hatten allenfalls eine indikative Funktion.

Das ist nicht befriedigend: Natürlich kann ein Vertriebs-Forecast Grundlage der operativen und vielleicht sogar der strategischen Ressourcenplanung im Unternehmen sein. Er ist es mit Sicherheit für den Vertriebs-Bereich, denn dort ist er zugleich ein Instrument, das zwingt, das Ergebnis des oft als „mystisch" verklärten Verkaufens in konkrete Zahlen zu fassen. Diese Quantifizierung ersetzt subjektive Bewertungen der Verkaufsinstanzen und führt diese auf die Eckdaten, wann ein Auftragseingang zu erwarten ist, wie hoch dieser ist und mit welcher Wahrscheinlichkeit er eintritt, zurück. Der Forecast ist somit idealtypisch ein Zauberspruch zur Entmystifizierung des Verkaufs. Er zwingt jeden Verkäufer, die voraussichtlichen Folgen seines Handelns einzuschätzen. Als Führungsinstrument im Vertrieb eingesetzt, wirkt er gleichsam als Brennglas aller möglichen zuvor in ihrer Wirkung diffusen Aktivitäten. Er manifestiert ergebnisorientiertes Handeln als Maxime, und das klarer und präziser, als alle auf Maus-Pads oder Klebezetteln verewigten Unternehmensleitbilder dieser Welt es tun könnten. Forecasts dienen als

1. Planungsgrundlage für den Vertrieb,
2. Planungsgrundlage für alle anderen betrieblichen Funktionalbereiche,
3. Steuerungsinstrument für Marketing und Vertrieb sowie als
4. Frühindikator für Nachfrageschwankungen und damit als Hilfsmittel der strategischen Unternehmenssteuerung.

Der Verwendungsschwerpunkt eines Forecasts variiert mit dem Geschäftsmodell und der Fristigkeit. Die drei Hauptanwendungsfelder sind:

• Mengenbedarfsplanung (Beschaffung, Logistik, Materialmengen)
• Produktionsplanung (Produktion, Personalauslastung)
• Finanzielle Führung (Liquiditätsplanung)

Insbesondere der letzte Punkt, der oft vernachlässigt wird, verdient eine besondere Aufmerksamkeit: Der Verkauf von Produkten stellt die wichtigste Finanzierungsquelle für Unternehmen dar. Ohne die Erlöse, die der Vertrieb durch die Verkaufstätigkeit beschafft, ist ein langfristiges Überleben unmöglich.

2.2   Die Bedeutung der Prognose für den Vertriebsbereich

Für den Vertriebsbereich, und hier insbesondere den Vertriebsleiter, ist der Forecast ein Werkzeug zur Planung, Steuerung, Koordination und Kontrolle des Verkaufs. Dies sind zugleich die Aufgabenstellungen des Vertriebscontrollings. Da der Verkaufsprozess durch die Unberechenbarkeit des Kundenverhaltens grundsätzlich erratisch verläuft, kann der Erfolg des Vertriebs als Ganzes nur mit Hilfe von Schätzverfahren prognostiziert werden. Im Einzelnen steuert und beobachtet der Vertriebsleiter mit Hilfe des Forecasts Folgendes:

- Voraussichtlicher Grad der Zielerreichung des Vertriebs und seiner Verkaufsinstanzen durch ständige Soll-/Ist-Vergleiche während des Beobachtungszeitraums
- Ressourcenbedarf als Ableitung des prognostizierten Vertriebsziels
- Unterstützungsbedarf durch andere Bereiche, z. B. durch Kommunikationsmaßnahmen des Marketings
- Voraussichtlicher Umfang der Zielerreichung einzelner Verkaufsinstanzen (Verkäufer, Filiale, Vertriebsniederlassung, Handelsvertreter usw.)

Der Forecast dient somit nicht nur der Planung, sondern auch dazu, ständig zu beobachten, ob der Vertrieb auf Kurs ist, also das ursprünglich anvisierte Ziel erreichen kann. Stellt der Vertriebsleiter Abweichungen fest, so kann er reagieren, in welcher Form auch immer.

2.3   Die Bedeutung der Prognose für den Verkäufer

Doch wie sieht das der Verkäufer? Aus Sicht der Verkaufsinstanz stellt ein Forecast oftmals eine Belastung dar. Objektiv als Notwendigkeit für die Vertriebssteuerung und Unternehmensplanung akzeptiert, wird er subjektiv als Überwachungsinstrument wahrgenommen und fällt somit in die Kategorie „Kontrolle". Zweifelsfrei wirkt sich diese Ablehnung auf die Qualität der Absatzprognose aus, wie noch gezeigt werden wird. Dennoch bietet der Vertriebs-Forecast auch ihm einen direkten Nutzen, indem der Forecast den Verkäufer zwingt, seine Handlungsfolgen analytisch zu betrachten und indem er somit dessen Selbstorganisation unterstützt.

Warum ist es so schwer, einen guten Forecast zu erstellen? 3

Zweifelsfrei ist Planung im Rahmen der Unternehmens- und Vertriebsführung erforderlich, niemand wird das ernsthaft bezweifeln. Ein Element der Planung ist die Prognose und an diese sind diverse Anforderungen zu stellen, die in Kühnapfel (2013, S. 386 ff.) beschrieben sind. Doch auch, wenn diese erfüllt werden, ist es natürlich keineswegs sicher, dass der Forecast auch eintreffen wird. Die Ursachen hierfür lassen sich in drei Gruppen einteilen und wir werden sie anschließend kurz beschrieben, denn sie sind Ansatzpunkte für die Verbesserung der Prognosequalität im Unternehmen:

1. Unerwartete Ereignisse von außen
2. Mangelndes Wissen über Forecast-Methoden
3. Wahrnehmungsverzerrungen

3.1 Ad 1: Unzutreffender Forecast wegen unerwarteter Ereignisse von außen

Im betrieblichen Alltag werden Erschütterungen durch Finanz- und Wirtschaftskrisen, Kriege oder Seuchen auf der Ebene der Vertriebssteuerung keine Rolle spielen und wenn, dann nur als Planspiele. Bedeutender und häufiger treten unerwartete Ereignisse ein, die das eigene Unternehmen oder die Branche erschüttern. Das können marktbewegende Aktionen der Wettbewerber sein, unerwartete Probleme mit dem eigenen Produkt oder neue regulatorische Rahmenbedingungen. Solche Ereignisse verändern die Zielerreichung signifikant und wurden nicht prognostiziert.

J. B. Kühnapfel, *Vertriebsprognosen*, essentials,
DOI 10.1007/978-3-658-05525-7_3, © Springer Fachmedien Wiesbaden 2014

Allerdings bedeutet „unerwartet" nicht unbedingt, dass solche Ereignisse gänzlich erratisch passieren. Oft ist es bekannt, dass ein Ereignis eintreffen wird, aber nicht, wann. Somit ist es zwar nicht planbar, aber vorhersehbar. Der Vertrieb kann sich dennoch auf ein solches Ereignis vorbereiten und einen Maßnahmenkatalog erarbeiten, der umgesetzt werden, wenn es eintrifft.

Für Forecasts bleiben solche (nach N. N. Taleb:) „Schwarzen Schwäne" dennoch nicht planbar und werden zunächst nicht berücksichtigt. Der Vertriebscontroller erstellt somit einen Forecast, nennen wir ihn „Basis-Forecast", in dem er annimmt, dass unerwartete, markterschütternde und die Existenz des Unternehmens gefährdende Ereignisse von außen nicht vorkommen. Diesen Basis-Forecast wird er aber um zwei Ausarbeitungen erweitern:

- Erstens fügt er der Prognose einen „Warnhinweis" zu, aus dem zu entnehmen ist, welche Ereignisse mit welcher Eintrittswahrscheinlichkeit (sofern abschätzbar) zu erwarten ist.
- Zweitens wird er, sofern möglich, Szenarien rechen und den Basis-Forecast um Modellrechnungen erweitern, in die die Ereignisse einbezogen werden.

3.2 Ad 2: Unzutreffender Forecast wegen mangelnden Wissens über Forecast-Methoden

Es gibt zwei „Krankheiten", die den Forecast-Erstellungsprozess befallen: Die eine ist die „Banalisierung", die zweite die „Überverkomplizierung". Die Banalisierung äußert sich in Forecasts, die in kurzer Zeit mit Hilfe eines Tabellenkalkulationsprogramms erstellt und anschließend manuell nachjustiert werden. Oft handelt es sich um Trendfortschreibungen, also um die Extrapolation von Vergangenheitswerten. Hier wird dann ein Wachstum unterstellt, z. B. 5 %, und somit ist der Forecast eine Zielplanung, aber keine Prognose mehr. Reicht das dann gezeigte Wachstum nicht aus, wird ein wenig nachjustiert, am liebsten so, dass am Anfang der Planungsperiode ein geringes, zum Ende hin ein immer größeres Wachstum dargestellt wird – der „Hockey Stick".

Bei der Überverkomplizierung ist der Irrglaube zu beobachten, dass ein Forecast umso genauer ist, je komplizierter er erstellt wurde. Wir neigen dazu, Kompetenz dort zu vermuten, wo wir nicht mehr verstehen, wie Erkenntnisse entstanden. Dies gilt insbesondere für mathematische Verfahren. Einem Vertriebscontroller, der eine Trendextrapolation durch exponentielle Glättung nach Winter unter Einbeziehung von Alpha-, Beta- und Gammafaktoren präsentiert, wird mehr Glauben

Tab. 3.1 Einfluss von Wahrnehmungsverzerrungen auf Vertriebs-Forecasts

Verzerrung	Erläuterung
Bestätigungs- und selbstwertdienliche Verzerrung	Suche nach der Bestätigung der eigenen Meinung. Für wahr wird gehalten, was die eigene Meinung bestätigt und die eigene Position als „guten Verkäufer" stützt
Rückschaufehler	Wenn der Ausgang eines Ereignisses bekannt ist, wird angenommen, dass dieses besser vorausgesagt werden konnte, als es zum Prognosezeitpunkt tatsächlich möglich war. So werden die eigenen prognostischen Fähigkeiten überschätzt
Überoptimismus	Systematisch zu optimistische Erwartungen an die Zukunft. Der eigene Einfluss auf den Verkauf wird überschätzt. „Hockey Stick"
Veränderungsaversion	Im Zweifel entscheiden wir uns gegen eine Veränderung und für die Beibehaltung des Status Quo. Veränderungen des Marktes werden nur zögerlich akzeptiert
Suche nach Mustern	Suche und Erkennen scheinbarer Muster aufgrund wiederholt auftretender, augenfälliger Umstände
Repräsentativität	Ein Aspekt wird „wahrer", wenn gerade über ihn gesprochen wurde. Häufig im Verkaufsteam diskutierte Aspekte des Vertriebs werden überbewertet. Aktuelle Einzelerfahrungen werden wie Gesetzmäßigkeiten betrachtet

geschenkt als einem, der seine Vertriebskollegen interviewt und nichts anderes tut, als den Mittelwert derer Einzelprognosen vorzustellen. Nur, weil die Kanone immer größer wird, heißt es noch lange nicht, dass der Spatz auch getroffen wird.

3.3   Ad 3: Unzutreffender Forecast wegen Wahrnehmungsverzerrungen

Viele Forecasts basieren auf Einschätzungen der Verkaufssituation, die von Verkäufern vorgenommen werden. Es sind dann oft weder Heuristiken noch vorhandenes Erfahrungswissen, die zu einer Einschätzung führen, sondern nicht nachvollziehbare Schätzungen, die bereits einen Tag später, wenn eine andere Grundstimmung vorherrscht, anders abgegeben worden wären. Hinzu kommen Wahrnehmungsverzerrungen, denen Verkäufer wie alle anderen Menschen ausgesetzt sind. Diese „Biases" vernebeln den Blick auf die Faktoren, welche die Auftragswahrscheinlichkeit bestimmen. Einige typische und die Bewertung von Absatzprognosen tangierende Arten von Wahrnehmungsverzerrungen sind in Tab. 3.1 aufgelistet.

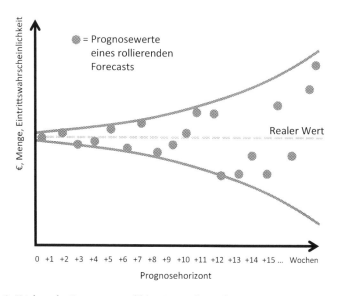

Abb. 3.1 Trichter der Prognosewertfehler eines rollierenden Forecasts

Solche und weitere Wahrnehmungsverzerrungen sind unvermeidbar und gehören zum Alltag. Sie sind der Grund dafür, dass wir Forecast-Methoden benötigen, denn gäbe es sie nicht, müsste die subjektive Abschätzung des erwarteten Verkaufserfolgs als Prognose genügen.

3.4 Wann ist ein Forecast gut?

Ein Forecast ist umso besser, je präziser und je langfristiger mit ihm der Eintritt des Verkaufserfolgs zeitlich, monetär und mengenmäßig abgeschätzt werden kann. Seine Qualität wird an der Abweichung des geschätzten Wertes von dem im Augenblick der Schätzung selbstverständlich nicht bekannten, weil erst in der Zukunft eintreffenden, realen Wertes gemessen. Je näher diese Zukunft zeitlich rückt, desto präziser muss die Schätzung sein. Abbildung 3.1 verdeutlicht dies und zeigt das Ergebnis: eine sich trichterförmig zeigende Verteilung der Prognosewerte bei einem rollierenden, also in festen Zeitintervallen (hier: wöchentlich) aktualisierten Forecast.

Um die Prognosefehler zu messen, muss der Forecast in jedem Aktualisierungsintervall (hier: jede Woche) festgehalten, also gespeichert, werden. Wird er lediglich fortgeschrieben, ist es im Nachhinein nicht mehr möglich, zu ermitteln, wie gut der (tatsächliche) Eintrittswert vor x Wochen oder Monaten geschätzt wurde. Erfolgt das Speichern korrekt, kann überprüft werden, ob sich die Prognosewerte für einen zukünftigen Zeitpunkt t_z tatsächlich trichterförmig dem zunächst unbekannten Eintrittswert annähern. Tun sie das nicht, weist dies auf zufällige Schätzungen hin. Der nächste Aspekt ist, dass ein Forecast **zweckdienlich** sein muss. Welche Prognosedaten erhoben bzw. ermittelt werden sollen, hängt von den betrieblichen Anforderungen ab. Typisch und in den meisten Fällen Usus ist es,

1. den Auftragswert in Euro,
2. den Auftragsumfang als Menge,
3. den Zeitpunkt des Kaufs,
4. die angebotenen Produkte bzw. Leistungsverrichtungen sowie
5. die Wahrscheinlichkeit des Kaufs

zu prognostizieren. Hier zeigt sich zuweilen, dass Unternehmen dazu neigen, den Forecast zu überfrachten: Es werden je nach Geschäftsmodell und betrieblicher Erfordernis weitere Informationen gefordert (Lieferzeitpunkt, Lieferintervalle, Produktarten, Zwischenschritte im Verkaufsprozess, Rechnungsstellung, Zahlungseingang usw.). Der Aufwand steigt beträchtlich und der Fokus der Arbeit, einen guten Basis-Forecast zu erstellen, geht verloren.

Ein letzter hier dargestellter Aspekt, der die Forecast-Erstellung schwierig macht, ist die Verfügbarkeit von Inputdaten. Dabei kommt es auf folgende Faktoren an:

- **Qualitative Konstanz**: Die Reliabilität als das Maß für die Genauigkeit, mit der die Inputdaten als Ausgangspunkt von Prognosen die erwartete Zukunft beschreiben, soll konstant sein. Wohlgemerkt geht es hier nicht um das Genauigkeitsmaß an sich, sondern um dessen Konstanz! Unsystematische, erratische Schwankungen lassen sich nicht durch methodische Korrekturen ausgleichen. Günstiger ist, dass wenn schon ein die Zukunft beeinflussender Faktor falsch eingeschätzt wird, dieser konstant falsch eingeschätzt wird, denn das lässt sich korrigieren.
- **Regelmäßigkeit**: Ein kontinuierlicher Prognoseprozess ist möglich, wenn die Inputdaten regelmäßig vorgelegt werden. Die Anpassung an Hinzugelerntes, etwa die Neueinschätzung eines Kundenkontaktes nach dem letzten Gespräch mit dem Einkäufer, erfolgt in prozessual definierter Form, so dass sichergestellt ist, dass diese Information berücksichtigt wird.

- **Festgelegter Dateninput-Prozess**: Es ist festgelegt, auf welche Art und Weise Inputdaten in den Forecast einfließen. Ob es sich um eine Hohlschuld des Vertriebscontrollers oder um eine Bringschuld der Verkaufsinstanz handelt, ob die Belieferung IT-unterstützt, per Mail, in einem Meeting, kontinuierlich oder diskontinuierlich erfolgt, ist zu definieren.

Achtet ein Vertriebscontroller oder derjenige, der für die Erstellung des Forecast verantwortlich ist, auf die in diesem Kapitel dargestellten Aspekte, wird er eine Reihe von Fehlern, die oft zu beobachten sind, vermeiden. Gute, belastbare Forecasts, auch jene, die methodisch einfach sind, bedürfen zweifelsfrei einiger gründlicher Vorüberlegungen, die Fehler zu vermeiden helfen.

Arten von Forecasts

4

Abbildung 4.1 vermittelt einen guten Überblick über die Forecast-Methoden, die in der Praxis verwendet werden.

Grundsätzlich sind Top-down- und Bottom-up-Modelle zu unterscheiden. Die Frage, wann welcher Forecast-Typ anzuwenden ist, stellt sich jedoch nicht. Im anschließenden Kap. 5 wird gezeigt, dass vielmehr mehrere Forecasts unter Verwendung verschiedener Methoden parallel erstellt werden sollten, die gegeneinander in den „Genauigkeitswettbewerb" eintreten. Erst mit der Zeit wird sich herausstellen, welcher Methodentyp der bestgeeignete ist. Eine Vorabentscheidung auf Basis eines Kriterienkatalogs scheint zwar Zeit zu sparen, ist aber aufgrund der Vielzahl problemspezifischer Aspekte zu vage.

4.1 Top-down-Forecasts

Diese Kategorie von Forecasts, deren Inhalt

1. Marktanteilsprognosen,
2. Zielgruppenanteilsprognosen oder
3. Produktpenetrationsprognosen

sind, dient der **Zielwertfestsetzung**. Durch die Fortschreibung von Vergangenheitswerten, multipliziert mit dem Faktor $(1 + x\%$ *erwartete Steigerungsrate*), oder die Berechnung der erreichbaren Markt-, Zielgruppen- oder Produktpenetrationsanteile aufgrund verfügbarer Ressourcen (Produktionskapazität, Personal, Versand, Kapital) wird ein Zielwert ermittelt, den der Vertrieb anstrebt. Dieser wiederum kalkuliert den Vertriebsressourcenbedarf, der zur Erreichung der Ziele erforderlich ist.

J. B. Kühnapfel, *Vertriebsprognosen*, essentials,
DOI 10.1007/978-3-658-05525-7_4, © Springer Fachmedien Wiesbaden 2014

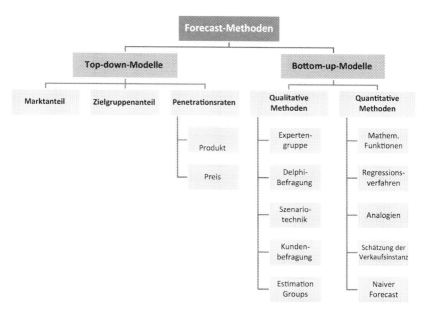

Abb. 4.1 Forecast-Methoden

Die sich daraus ergebende Art der Budgetvereinbarung mit dem Vertrieb erfreut sich als Ansatz aktuell großer Beliebtheit. Es werden nun nicht mehr Vertriebsziele verhandelt, sondern vorgegeben. Zu verhandeln sind anschließend die Ressourcen, mit denen diese festgelegten Ziele erreicht werden sollen. Erwartet wird, dass das Vertriebsmanagement mit größerem Engagement an der Zielerreichung arbeitet.

Insofern sind Top-down-Forecasts Ausdruck eines alternativen Budgetierungsansatzes und selten Prognosen im eigentlichen Sinne. Für die operative Führung der Verkaufsinstanzen sowie die unterjährige Kontrolle der Fortschritte reichen sie allerdings nicht aus und müssen z. B. mit einem rollierenden Forecast kombiniert werden.

4.2 Bottom-up-Forecasts

Die Bottom-up-Forecasts gehen gedanklich von einer zu planenden Menge an Verkaufskontakten aus und ermitteln über methodenspezifische Modelle einen Anteil erfolgreicher Abschlüsse. Der sich daraus ergebende Marktanteil oder die Ziel-

Tab. 4.1 Naiver Forecast

	M	A	M	J	J	A	S	O	N	D	J
Realisierter Auftragseingang	23	25	28	32	29	26	28	30	33	36	32
Naiver Forecast		23	25	28	32	29	26	28	30	33	36

gruppenpenetrationsrate werden nicht betrachtet. Die für die Praxis wichtigsten Varianten sind:

1. Naiver Forecast
2. Einfache Trendextrapolation
3. Rollierender Forecast auf Basis der Einschätzung von Verkaufsinstanzen
4. Rollierender Forecast auf Basis von ERP-Daten
5. Extrapolation auf Basis der exponentiellen Glättung

Leider muss an dieser Stelle auf die Darstellung anspruchsvollerer mathematischer Methoden verzichtet werden, denn sie zu erläutern, erfordert mehr Raum (wie in der Einleitung angekündigt). Ausdrücklich sei jedoch empfohlen, bei Bedarf die jeweiligen Methoden entweder bei Kühnapfel (2013) oder – wesentlich ausführlicher – bei Armstrong (2002) nachzulesen.

Ad 1: Naiver Forecast

Der Naive Forecast hat eine ganz besondere Bedeutung: Er kann fast ohne Aufwand erstellt werden und er ist die erste Messlatte für alle andere Methoden. Hierzu mehr in Kap. 5. Bei dem Grundmodell eines Naiven Forecasts wird unterstellt, dass der prognostizierte Auftragseingang in der nächsten Periode exakt dem Istwert der gerade abgeschlossenen entspricht. Eine Anpassung des Prognosewertes, z. B. mit einer Steigerungsrate, findet nicht statt. Tabelle 4.1 zeigt ein Beispiel.

Allerdings ist zu beachten, dass ein Vorperiodenergebnis, wie es z. B. als Vormonatswert in Tab. 4.1 als Prognose für den direkt nachfolgenden Monat dargestellt ist, erst einige Zeit nach Abschluss der Vorperiode zur Verfügung steht. Die direkt nachfolgende Periode (hier: der Nachfolgemonat) läuft dann bereits und eine Planung ist dann kaum noch möglich. Als praktikable Lösung ist nun möglich, den Istwert einer Periode als Prognosewert der übernächsten Periode anzunehmen, so, wie es Tab. 4.2 zeigt.

Tab. 4.2 Naiver Forecast mit zeitlich verschobener Prognose

	M	A	M	J	J	A	S	O	N	D	J
Realisierter Auftragseingang	23	25	28	32	29	26	28	30	33	36	32
Naiver Forecast			23	25	28	32	29	26	28	30	33

Tab. 4.3 Naiver Forecast, trendextrapoliert, mit zeitlich verschobener Prognose

	M	A	M	J	J	A	S	O	N	D	J
Realisierter Auftragseingang	23	25	28	32	29	26	28	30	33	36	32
Naiver Forecast			23	25	28	32	29	26	28	30	33
Trendextrapolierter Naiver Forecast			24,38	26,50	29,68	33,92	30,74	27,56	29,68	31,80	34,98

Sinnvoll ist der Naive Forecast sowohl als Messlatte für die Qualität aller anderen Forecast-Methoden, als auch dann, wenn

- ein kurzfristiger Forecast erforderlich ist,
- relativ kurze Perioden (Tage, Wochen) zu planen sind,
- der Auftragseingang erfahrungsgemäß nur geringe Schwankungen aufweist und
- vorwiegend mittel- und langfristige Trends für Auftragseingangswertänderungen verantwortlich sind.

Um die zuletzt genannten mittel- und langfristigen Trends auch bei einem Naiven Forecast berücksichtigen zu können, gibt es die Möglichkeit, die Prognosewerte zu „justieren". Hierbei sind Näherungslösungen akzeptabel. Wenn z. B. ein jährliches Wachstum der prognostizierten Werte von 6 % erwartet wird, sind die ermittelten Monats-Istwerte mit dem Faktor 1,06 zu multiplizieren, um den jeweiligen Prognosewert zu erhalten. Das ist mathematisch nicht exakt, aber in der Regel exakt genug und angesichts der immanenten Ungenauigkeit der Methode akzeptabel. Tabelle 4.3 zeigt das Ergebnis.

Ad 2: Einfache Trendextrapolation

Bei der Trendextrapolation wird unterstellt, dass ein bereits beobachteter Trend auch in der Zukunft fortbesteht. Ausgangspunkt ist die Betrachtung von Auftragseingängen in der Vergangenheit. Diese werden daraufhin untersucht, ob ein Trend existiert. Die einfachste Form ist, die Entwicklung der Summe der Auftragswerte

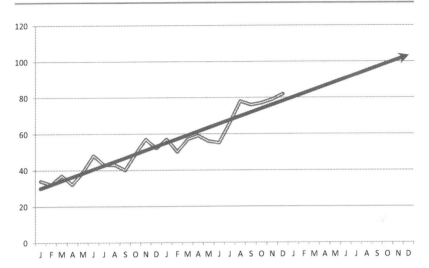

Abb. 4.2 Ist-Verkaufsdaten mit einfacher Trendextrapolation

eines jeden Monats zu beobachten. Verläuft diese stetig oder zumindest innerhalb eines Korridors, zeigt sie einen Trend. Werden zudem für den Prognosezeitraum keine Störungen erwartet, so wird er für die Zukunft fortgeschrieben. Abbildung 4.2 zeigt dies und viele Tabellenkalkulationsprogramme, z. B. MS Excel, helfen bei der Erstellung.

Zur Kontrolle wird nach der einfachen Trendextrapolation, in Abb. 4.2 auf Basis der Monatswerte, eine Glättung der vergangenen Istwerte vorgenommen. Im unserem Beispiel wird, wie Abb. 4.3 zeigt, ein 5-Monats-Durchschnitt gebildet und dieser extrapoliert. Im Vergleich zu Abb. 4.2 zeigt sich hier eine konservativere Prognose; z. B. liegt der Dezember-Wert des Folgejahres nun unter dem Wert „100".

Vor- und Nachteile der Trendextrapolation zeigen sich sehr deutlich. Der wichtigste Punkt ist, dass ausschließlich Vergangenheitsdaten verarbeitet werden und lediglich die Methode der Extrapolation variiert wird. Aber je versierter auch auf der Klaviatur von MS Excel auch gespielt wird, es bleibt bei der stumpfen Verarbeitung von Vergangenheitsdaten. Mögliche zukünftige Ereignisse werden nicht berücksichtigt. Dennoch gehört die einfache Trendextrapolation zum Pflichtprogramm der Forecast-Erstellung. Sie **muss** gemacht werden, denn ihre Daten fließen in die in Kap. 5 beschriebene Optimierung von Forecasts mit ein. Auch ist sie die Methode erster Wahl bei planbaren Absätzen bzw. gleichmäßiger Nachfrage, etwa auf dem Infrastruktursektor (Strom, Wasser, Gas, Telekommunikation, Straßenbenutzung usw.). Gerade hier wird die einfache Trendextrapolation als Grundlage

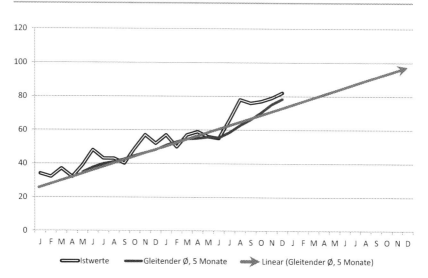

Abb. 4.3 Ist-Verkaufsdaten mit einfacher Trendextrapolation auf Basis des 5-Monats-Durchschnitts

von Szenarien verwendet, bei denen Annahmen über grundsätzliche wirtschaftliche oder gesellschaftliche Entwicklungen getroffen werden und sich diese in den Parametern der Trendextrapolation niederschlagen.

Ad 3: Rollierender Forecast auf Basis der Einschätzung von Verkaufsinstanzen – der „Standard-Forecast"

Zweifellos ist der rollierende Forecast der in der Praxis am häufigsten angewandte und das Synonym für einen Vertriebs-Forecast schlechterdings. Grundprinzip ist, dass Verkaufsinstanzen einschätzen, wann sie einen bestimmten Auftrag mit welcher Wahrscheinlichkeit erhalten werden. Somit kommt der rollierende Forecast im Unterschied z. B. zur Trendextrapolation gänzlich ohne Vergangenheitsdaten aus und eignet sich auch für neue Aktivitäten (Produkte, Märkte usw.).

Es sind nur wenige Inputdaten erforderlich, die in einen Datensatz eingepflegt werden, mindestens aber die verantwortliche Verkaufsinstanz und die Bezeichnung des erwarteten Auftrags zur Beschreibung eines Datensatzes sowie die Prognosen „Auftragsvolumen", „Abschlusswahrscheinlichkeit" und „erwarteter Abschlusszeitpunkt". Aus der Multiplikation des Auftragswertes mit der Wahrscheinlichkeit

Tab. 4.4 Beispiel für einen rollierenden Forecast auf Basis der Einschätzung von Verkaufs-instanzen

Verkäufer	Kunde	Projekt	Auftragswert	W'keit (%)	AE erwartet	Forecast-Wert
Müller	BMW	B-02: Batterien	435.000 €	25	1.12	108.750 €
Schmidt	Audi	A-01: LiMa	267.000 €	20	1.10	53.400 €
Schmidt	Skoda	S-02: LiMa	672.000 €	4	1.11	26.880 €
Schmidt	VW	V-01: Kabelbaum	110.500 €	80	1.9	88.400 €
Schulz	VW	V-02: LiMa	250.000 €	10	1.10	25.000 €
Beier	BMW	B-01: Kabelbaum	920.000 €	50	1.11	460.000 €
Beier	Skoda	S-01: Batterien	300.000 €	25	1.9	75.000 €
		Summe Forecast-Werte				*837.430 €*
Datum: 1.2.2014		*Summe Auftragswerte*				*2.954.500 €*

des Auftragseingangs ergibt sich Projekt für Projekt ein jeweiliger Forecast-Wert. Tabelle 4.4 zeigt ein Beispiel.

Beim Lesen bzw. Interpretieren dieses Forecasts ist Folgendes zu beachten:

- Die Summe der Forecast-Werte ist als Ergebnis des Forecasts umso belastbarer, je größer die Anzahl einbezogener Projekte ist.
- Eine Auftragseingangswahrscheinlichkeit von z. B. 25 % bedeutet, dass von vier Angeboten, die unter ähnlichen Bedingungen mit den gleichen Inhalten abgegeben wurden, eines angenommen wird. Natürlich sind die Kundenkontaktsituationen niemals gleich, also ist diese Approximation immer mit Mängeln behaftet.
- Das Datum des erwarteten Auftragseingangs markiert den Zeitpunkt der Auftragsannahme, nicht aber den vereinbarten Lieferzeitpunkt, das Datum der Rechnungsstellung (Einnahme) oder gar des Zahlungseingangs (Einzahlung).
- Der Forecast-Wert als Faktor aus dem Auftragswert, also dem Angebotsvolumen, und der Auftragseingangswahrscheinlichkeit, ist ein berechneter Erwartungswert. Er kann so, wie in der Tabelle angegeben, niemals eintreffen, denn bezogen auf das einzelne Angebot kann der Wert nur Null oder der Auftragswert selbst sein. Überdurchschnittlich große Auftragswerte verzerren somit die Summe aller Forecast-Werte (siehe auch unten).
- Teilaufträge werden nicht betrachtet, diese müssten als einzelne Angebote im Forecast aufgeführt werden.
- Inkludiert der Forecast auch Kundenkontakte in einem frühen Stadium des Kontaktes, im dem noch kein konkretes Angebot abgegeben wurde, ist der Auftragswert zu schätzen.

- Es ist festzulegen, in welchem Stadium ein Interessentenkontakt in den Forecast aufgenommen wird. Solche Meilensteine könnten
  - die Angebotsaufforderung oder
  - die Angebotsabgabe

sein. Grundsätzlich ist es nicht schädlich, Kontakte in einem früheren Stadium aufzunehmen, sofern erstens der Forecast dadurch nicht unübersichtlich wird und zweitens solche Kontaktsituationen mit einer sehr geringen Wahrscheinlichkeit (< 1 %) bzw. einem nur symbolischen Auftragswert (1 €) bewertet werden.

- Wird der Forecast ab dem Prozessschritt „Angebot" geführt, sind nur die Werte „Wahrscheinlichkeit" sowie der Zeitpunkt des Auftragseingangs geschätzt. Alle anderen Werte ergeben sich aus dem Angebot. Werden bereits erste bzw. frühe Kontakte mit Interessenten erfasst, sind sämtliche Werte zu schätzen.

Der in Tab. 4.4 dargestellte Forecast erlaubt nun weitere Auswertungen. So kann je nach Informationsbedarf eine Sortierung nach Kunden, Produkten, Wahrscheinlichkeiten, erwarteten Auftragseingängen oder nach Priorität, z. B. proportional zum Auftragswert, vorgenommen werden. Das Ergebnis zeigt Tab. 4.5.

Der Forecast wird entweder permanent, also mit Auftreten neuer Informationen, oder zyklisch korrigiert – eben „rollierend". Dabei fallen eingegangene Aufträge heraus, neue Kundenkontaktsituationen werden aufgenommen und die Werte korrigiert, wenn sie sich durch neue Erkenntnisse verändert haben. Es empfiehlt sich, solche Veränderungen in der Entwicklung der jeweiligen Angebotsprojekte kenntlich zu machen. Ob dies mit farbigen Markierungen oder auf andere Art und Weise geschieht, ist letztlich eine Frage der Übersichtlichkeit. Tabelle 4.6 zeigt den Forecast aus Tab. 4.4, aber einen Monat später.

Die Notwendigkeit, den Forecasts laufend zu aktualisieren, ist selbstverständlich. Was oft jedoch unterschätzt und vernachlässigt wird, ist die bereits zuvor angesprochene Qualitätssicherung. Ziel ist, systematische Fehleinschätzungen zu identifizieren und die Qualität der Prognose zu verbessern. Im Falle des rollierenden Forecasts wird hierzu zyklisch, z. B. jeden Monat, eine Auswertung nach erwarteten Auftragseingangszeitpunkten vorgenommen und diese festgehalten. Ebenso wird im nächsten Monat verfahren und so fort. Dies dient dazu, die Prognosen für eine spätere Überprüfung zu konservieren. Diese erfolgt dadurch, dass jeden Zyklus (Monat), wenn der Istauftragseingang feststeht, rückschauend berechnet wird, wie groß die Abweichung der ursprünglichen Prognose vom Istwert war. Hierzu werden alle relevanten zurückliegenden Prognosen mit dem Istwert verglichen, also die des Vormonats, die des Vorvormonats, die von vor drei Monaten usw. Es ist

Tab. 4.5 Mögliche Auswertungen auf Basis des rollierenden Forecasts

Auswertung nach ...	Ergebnis		Adressat
Auftragseingang	1.9	163.400 €	Cash Management
	1.10	78.400 €	
	1.11	486.880 €	
	1.12	108.750 €	
Produkten	Batterien	183.750 €	Beschaffung,
	LiMa	105.280 €	Produktion, ggf. kombiniert mit
	Kabelbaum	548.400 €	Auftragseingang
Auftragseingangs-wahrscheinlichkeit	0–10 %	51.880 €	Unternehmensführung, Controlling,
	11–20 %	53.400 €	Vertriebsmanagement
	21–50 %	643.750 €	
	51–100 %	88.400 €	
Kunden	BMW	568.750 €	Vertriebsmanagement
	Skoda	101.880 €	
	Audi	53.400 €	
	VW	113.400 €	
Priorität nach Auftragswert	1	B-01	Vertriebsmanagement
	2	S-02	
	3	B-02	

nun zu erwarten, dass eine Prognose umso genauer war, je kürzer sie zurück liegt und umso ungenauer, je früher sie den nun bekannten Auftragswert (das Ist) abzuschätzen versuchte. Abbildung 3.1 zeigt einen solchen Verlauf aus umgekehrtem Blickwinkel und verdeutlicht, dass eine Prognose umso ungenauer ist, je weiter sie in die Zukunft reicht.

Nun wäre die Vermutung aber falsch, dass es gelingen könnte, frühzeitig Wertestreuungen um den gedachten realen Wert durch mathematische Verfahren zu „glätten". Der reale Verlauf ist vorab nicht bekannt, auch, wenn es in Abb. 3.1 den Anschein hat, als wäre er ein Strahl.

Überhaupt sind die Erstellung und die Pflege des rollierenden Forecasts keineswegs so einfach, wie es die Methode vermuten lässt. Ein Hauptproblem ist z. B. die **Schätzung der Auftragseingangswahrscheinlichkeiten**. Werden diese z. B. von Account Managern selbst vorgenommen, unterliegen sie den typischen Wahrnehmungsverzerrungen, die in Tab. 3.1 dargestellt wurden. Oft bestimmen Charaktereigenschaften die Schätzergebnisse: Der eine verspricht sich durch forsches Auftreten Vorteile, der andere möchte sich und anderen durch betont pessimistische Schätzungen Enttäuschungen ersparen. Die Lösung ist die Vorgabe

Tab. 4.6 Fortschreibung des rollierenden Forecasts mit Kennzeichnung geänderter Werte

Verkäufer	Kunde	Projekt	Auftragswert	W'keit	AE erwartet	Forecast-Wert
Müller	BMW	B-02: Batterien	435.000 €	25%	1.12.	108.750 €
Schmidt	Audi	A-01: LiMa	267.000 €	20%	1.11. (1.2.: 1.10.)	53.400 €
Schmidt	Skoda	S-02: LiMa	800.000 € (1.2.: 672.000 €)	10% (1.2.: 4%)	1.11.	80.000 €
~~Schmidt~~	~~VW~~	~~V-01: Kabelbaum~~	~~110.500 €~~	~~80%~~	~~1.9.~~	~~88.400 €~~
Schulz	VW	V-02: LiMa	250.000 €	10%	1.10.	25.000 €
Beier	BMW	B-01: Kabelbaum	920.000 €	60% (50%)	1.11.	665.400 €
Beier	Skoda	S-01: Batterien	300.000 €	25%	1.9.	75.000 €
Müller	VW	V-03: Batterien	250.000 €	5%	1.12.	12.500 €
		Summe Forecast-Werte				**1.020.050 €**
Datum: 1.3.2014		**Summe Auftragswerte**				**3.222.000 €**

von **Bewertungskorridoren**. Hierzu wird der Verkaufsprozess in Phasen unterteilt, die durch Meilensteine von einander abgegrenzt werden. Jeder Phase wird ein Korridor zugeordnet, innerhalb dessen ein Verkäufer Abschätzungen für die Eintrittswahrscheinlichkeit des Auftrags vornehmen darf. Abweichungen davon sind nicht zugelassen oder müssen zumindest gesondert begründet werden. Tabelle 4.7 zeigt eine exemplarische Prozessschrittfragmentierung mit dem jeweils zugewiesenen Wertekorridor.

Ein zweiter immanenter Nachteil ist, dass der Forecast durch **Großprojekte** verzerrt wird. Je mehr ein solches vom statistischen Mittel aller Auftragswerte abweicht, desto vorsichtiger muss seine Auftragseingangswahrscheinlichkeit bewertet werden. Ob hier ein umgekehrt proportionaler Zusammenhang (Auftragswert 25 % über dem Durchschnitt führt zur Reduktion der geschätzten Wahrscheinlichkeit um 25 %) angenommen oder mit Schwellwerten gearbeitet wird, richtet sich nach der bestmöglichen Abbildung der Realität, was wiederum nur durch eine langfristige Beobachtung des Forecasts möglich sein wird. Soll eine Unterschätzung vermieden werden, ist umgekehrt zu verfahren. Wohlgemerkt sollte die Korrektur der Wahrscheinlichkeit nicht von der Verkaufsinstanz vorgenommen werden, sondern im Berechnungstool hinterlegt oder vom Vertriebscontroller nachjustiert werden. Aber in jedem Falle führen Großprojekte zwangsläufig zu einem höheren Fehler des Forecasts.

Tab. 4.7 Zuweisung von Wertekorridoren für die Bewertung der Auftragseingangswahrscheinlichkeit

Prozessschritt	Tätigkeit/Aktion	Erlaubte Werte für W'keit (%)	Erlaubter Auftragswert
Interessentenkontakt	Positiver Erstkontakt	0,1	1 €
	Positiver Zweitkontakt		10 % des vermuteten Auftragswertes
	Angebotsaufforderung	1	
Angebot	Angebot abgegeben	1	Auftragswert
	Angebot wurde präsentiert, positives Feedback während der Präsentation	1–5	
Angebotsverhandlung	Angebot in Nachverhandlung	5–15	Auftragswert
	Angebot in Endverhandlung (Lieferkonditionen, Details)	15–33	
	Angebot beim Interessenten in der Endprüfung (Jurist)	33–50	
	Interessent signalisiert Annahme		
	Interessent kündigt Annahme durch eine Mail oder einen Anruf an	50–75	
	Letter of Intent		
Kauf	Rechtsverbindliche Annahme	100	Auftragswert

Der dritte Nachteil ist, dass keine **Teamarbeit** berücksichtigt wird. Dies wirkt sich immer dann aus, wenn der Forecast als Instrument zur Steuerung der Vertriebsinstanzen, im Beispiel aus Tab. 4.4 z. B. der Verkäufer, verwendet wird.

Der vierte und letzte hier erwähnte Nachteil ist, dass die **Darstellung nach Aufträgen** erfolgt. Setzen sich diese aus Unteraufträgen für verschiedene Produkte, Lieferzeitpunkte usw. zusammen, muss eine jeweils separate Darstellung erfolgen, was den rollierenden Forecast übersichtlicher macht.

Ad 4: Automatisierter rollierender Forecast auf Basis von ERP-Daten

Methodisch identisch ist die zweite Form des rollierenden Forecasts. Der Unterschied besteht in der Inputdatenquelle. Nun „füttert" ein IT-System den Forecast und berechnet die gewünschten Prognosewerte. Diese Berechnung erfolgt mit Hilfe von Algorithmen. Teil dieser Algorithmen sind Parameter und Korrekturfaktoren, die helfen, je nach zu prognostizierendem Sachverhalt eine bestmögliche Abbildung der Realität zu erzielen. Algorithmen, Parameter und Korrekturfaktoren werden im Zeitverlauf ständig nachjustiert.

Der wesentliche Vorteil ist, dass nahezu beliebig viele Interessenten- oder Kundenkontaktsituationen verarbeitet werden können. Ferner werden Wahrnehmungsverzerrungen in der oben beschriebenen Form vermieden, die Objektivität der Prognose ist lediglich durch die Ausgestaltung der zugrundeliegenden Formeln begrenzt.

Zum Einsatz kommt diese Art des Forecasts, wenn weitgehend standardisierte Produkte in großer Menge verkauft werden (Mobilfunk, Versicherungsverträge, Handelsware). Typisch ist hier, dass die Prozessschritte Interessentenqualifikation, Angebot und Angebotsverhandlung nicht voneinander zu trennen sind oder aber ohne die Möglichkeit einer Beeinflussung durch eine Verkaufsinstanz verlaufen. In solchen Fällen werden lediglich die Eingangsgrößen, z. B. die Größe der identifizierten Zielgruppe, sowie die Resultate, Kaufzeitpunkt und Kaufwert, verarbeitet, um zukünftige Abverkäufe abzuschätzen.

Typisch ist der Einsatz im filialgebundenen Einzelhandel, vom Supermarkt über den Handy-Shop bis zum Baumarkt. Durch den Einsatz von Scanner-Kassen und die Detailtiefe der Warenwirtschaft lassen sich, ausgehend vom Absatz eines Produktes und korrigiert mit Einflussparametern (Wochentage, Feiertage, Ferienzeit, Wettervorhersage, Großereignisse), die zu beschaffenden Mengen für die nächsten Perioden errechnen. Ziel ist, den Einkauf z. B. tausender von Supermarktfilialen mit je nach Marktkonzept 800, 5.000 oder über 15.000 verschiedenen Artikeln des Food- und Non-Food-Segments zu organisieren, welcher die Ziele

- geringstmögliche Kapitalbindung,
- Vermeidung von Überbeständen und
- Vermeidung von Umsatzausfällen durch Präsenzlücken

unter einen Hut bringt.

Für Unternehmen mit teilstandardisierten Produkten (Mobilfunkverträge, Versicherungsverträge) unterscheidet der Forecast meist nach Produktarten und dient primär der Vertriebskanal- und Verkaufsinstanzensteuerung, dem Cash Management, als Frühwarnsystem der Unternehmensplanung sowie der Kontrolle der Wirksamkeit von Marktkommunikationsmaßnahmen.

Ad 5: Extrapolation auf Basis der exponentiellen Glättung

In der Praxis haben sich nur wenige Arten von Forecasts auf Basis der exponentiellen Glättung durchgesetzt. Meist sind diese als Algorithmus in IT-System-gestützten Forecasts zu finden, denn bereits die Abbildung der Formeln in einem Tabellenkalkulationsprogramm wie MS Excel bereitet Schwierigkeiten. Dennoch sollte sich ein Vertriebscontroller von Anfangsschwierigkeiten und nur, weil er in der Statistik-Vorlesung nicht aufgepasst hat, nicht abschrecken lassen, denn die exponentielle Glättung von Trendverläufen erlaubt, Prognosewertschwankungen auszugleichen. Nützlich ist dies zum Beispiel zur Korrektur von automatisierten Forecasts im Rahmen der Trendextrapolation.

An dieser Stelle kann jedoch nur die Idee der exponentiellen Glättung dargestellt werden. Sind die methodischen Kenntnisse beim Forecast-Ersteller vorhanden, so wird er dies umsetzen können, wenn nicht, wäre hier der Platz nicht ausreichend, die erforderlichen Mathematikkenntnisse zu vermitteln.

Grundlage jeder Form der exponentiellen Glättung ist der gleitende Durchschnitt. Jedoch wird dieser gleitende Durchschnitt gewichtet und zwar derart, dass aktuelle Werte höher gewichtet werden als ältere Werte. Es wird also angenommen, dass die jüngere Vergangenheit mehr über die Zukunft aussagt als die ältere. Wie stark die jüngeren gegenüber den älteren Werten gewichtet werden, drückt der **Glättungsfaktor Alpha** aus. Alpha kann Werte zwischen 0 und 1 annehmen. Je niedriger der Alpha-Wert ist, desto stärker werden die älteren Werte berücksichtigt. Ein Alpha-Wert von 0,2 drückt zum Beispiel – etwas salopp formuliert – aus, dass 20 % des Durchschnitts auf jüngere Werte entfallen, einer von 0,9, dass mit 90 % fast ausschließlich jüngere Werte berücksichtigt werden, und zwar je jünger, desto mehr. Für die Berechnung werden also Vergangenheitswerte benötigt und damit eignet sich diese Art des Forecasts auch nicht für z. B. Neueinführungen von Produkten. Die Formel für die einfache exponentielle Glättung lautet:

$$Forecast_{(X,t)} = (Alpha * X_{t-1}) + (1 - Alpha) * Forecast_{(X,t-1)}$$

X steht für den Wert, der prognostiziert werden soll, repräsentiert also den in der Zukunft liegenden Auftragseingangswert.

Der Alpha-Wert sollte herabgesetzt werden (z. B. 0,4 oder geringer), wenn die Ausschläge der einzelnen vorliegenden Werte sehr hoch sind. Wenn die Ausschläge gering sind und sich der Level, also das Niveau einer vermeintlichen, aber nicht klar erkennbaren Trendlinie hingegen stark ändert und dieser Aspekt stärker berücksichtigt werden soll, empfiehlt sich, den Alpha-Wert höher anzusetzen (z. B. 0,6 oder höher).

In der Praxis sollten Monatswerte verwendet werden, um einen Trendverlauf sichtbar zu machen und fortschreiben zu können. Selbstverständlich sind auch Wochen- oder Tageswerte möglich, doch werden Quartals- und Jahreswerte für die meisten Vertriebs-Forecasts zu ungenau sein. Ferner sollte der Vertriebscontroller darauf achten, ausreichend viele Vergangenheitsdaten zur Verfügung zu haben. Als Faustregel gilt: mindestens 10 Werte. Der Alpha-Wert lässt sich justieren, wenn eine exponentielle Glättung für weit zurück liegende Werte vorgenommen wird $\left(\text{z.B. } X_{(t-20)} \text{ bis } X_{(t-10)} \right)$ und der Alpha-Wert so lange verändert wird, bis er bekannte, aber ebenfalls zurück liegende Werte $\left(\text{z.B. } X_{(t-9)} \text{ bis } X_{(t-1)} \right)$ bestmöglich beschreibt.

Weisen die Vergangenheitswerte keinen erkennbaren Trend auf, so empfiehlt sich das Verfahren der **adaptiven Glättung**. Hierbei wird der Alpha-Wert bei jedem einzelnen zu prognostizierenden Wert auf Basis des vorherigen Fehlers verändert. Die Formel zur Berechnung des Prognosewertes ist die gleiche wie jene oben. Die Frage ist jedoch, wie der Alpha-Wert bemessen wird. Hierzu ist erforderlich, von Periode zu Periode die Abweichung zwischen dem tatsächlichen Auftragseingang und dem prognostizierten Wert zu messen. Diese Abweichung führt zur Korrektur von Alpha, für die es in der Literatur viele Vorschläge gibt. Eine mögliche Formel lautet:

$$Alpha_t = \frac{Forecastfehler_{(t-1)}, \text{ errechnet auf Basis der expontentiellen Glättung}}{\text{mittlere absolute Abweichung aller Werte}}$$

Perioden mit einem hohen Forecast-Fehler werden dafür sorgen, dass der Alpha-Wert hoch ist und somit für eine schnelle Korrektur des Levels (also eine hohe Gewichtung junger Werte) bei geringerer Dämpfungswirkung sorgen. Somit wird schnell justiert. Bei einem geringen Forecast-Fehler wird der Alpha-Wert automatisch niedrig, die Dämpfungswirkung ist höher, der Level wird weniger zügiger korrigiert. Durch diese ständige Anpassung des Alpha-Wertes erfolgt eine automatische Justierung. Liegen ausreichend viele Vergangenheitswerte vor, gelingt eine recht präzise Angleichung an die tatsächlichen Gegebenheiten, die allerdings dann nicht mehr funktioniert, wenn sich der Markt und somit der Trend grundlegend ändern.

Weitere Varianten der exponentiellen Glättung versuchen, unklare Werte der Vergangenheit, das „Rauschen" oder Saisonschwankungen zu nivellieren. Die angewandte Mathematik wird immer komplexer, die Nachvollziehbarkeit für die Vertriebsinstanzen und die Prognosedatenverwender immer geringer. Dennoch seien auch solche Verfahren empfohlen, alleine schon zur Optimierung des verwendeten Forecasts. Hierzu finden sich in Kap. 5 weitere Hinweise.

Ad 6: Multivariate Regressionsanalysen (Bottom-up-Forecast)

Mit Hilfe der Regressionsanalyse wird versucht, den Zusammenhang zwischen Variablen zu ermitteln. Die Frage ist, ob eine Auftragseingangswertprognose als abhängige Variable von anderen Daten (unabhängigen Variablen) beschrieben werden kann. Dann wird von einem funktionalen Zusammenhang gesprochen. So einer könnte z. B. bestehen, wenn erkannt wird, dass die Höhe der Auftragseingänge von der Anzahl der Besuchstermine abhängt. Wäre dies so, dann ließe sich der Auftragseingang zum Zeitpunkt $t + m$ als eine Funktion der Besuchstermine beschreiben, z. B.

$$Auftragseingang_{(t+5)} = \frac{Besuchstermine_t}{15} * 25.000\,€$$

Diese Formel beschreibt, dass sich der Auftragseingang in fünf Perioden (Monaten) aus einer durchschnittlichen Auftragsgröße von 25.000 € sowie einer bestimmten Umwandlungsquote von Besuchsterminen zu Aufträgen ergibt, hier ein Auftrag je 15 Besuchsterminen. Es liegt also eine Korrelation vor. Hier besteht sogar ein kausaler Zusammenhang, denn Auftragseingänge resultieren aus den Besuchsterminen. Dieser ist aber nicht erforderlich: Die Auftragseingänge in der Zukunft könnten auch eine Funktion der Anzahl ausgegebener Essen in der Betriebskantine sein. Doch um dies zu erkennen, bedarf es der Regressionsanalyse.

„Multivariat" bedeutet in diesem Zusammenhang, dass es mehrere unabhängige Variablen sind, die – mathematisch miteinander verknüpft – den Verlauf der abhängigen Variable beschreiben.

Die Frage ist nun: Welche Variablen beschreiben den zukünftigen Auftragseingang und wie hängen diese Variablen zusammen? Für die Zwecke des Vertriebs-Forecasts könnte der Vertriebscontroller folgende Variablen berücksichtigen:

- Exponentiell geglättete Erfahrungswerte für Umwandlungsquoten von Tätigkeit zu Tätigkeit bzw. Prozessschritt zu Prozessschritt
- Verkaufsressourcen zum Zeitpunkt der Schätzung, insb. Verkaufsinstanzenkapazitäten
- Stand im Produktlebenszyklus
- Saisonale Schwankungen

Ist der Vertriebscontroller dazu in der Lage, empfiehlt es sich, bei vorliegenden Vergangenheitswerten mittels Regressionsanalysen zu ermitteln, welche unabhängige Variablen am besten dazu geeignet sind, die Zukunft zu prognostizieren. Auch hier ist der Nutzen die Objektivierung von Vorhersagewerten.

Den Regressionsanalysen ähnlich sind **Analogiemodelle**. Hier versucht der Vertriebscontroller, Zeitreihen zu finden, die bereits in der Vergangenheit gezeigt haben, dass sie die Prognosewerte recht genau repräsentieren, allerdings zeitlich verzögert. Es wird in der Regel ein kausaler Zusammenhang erwartet. Typisch sind folgende Analogien:

- Verlauf des Absatzes eines Produktes in anderen Ländern oder Regionen, in denen das Produkt schon früher eingeführt wurde.
- Verlauf des Absatzes nutzengleicher Produkte, die sich schon länger im Markt befinden.
- Verlauf des Absatzes von Produkten, die um die gleichen Ressourcen beim Kunden konkurrieren (z. B. konkurrieren Videospiele und Blueray-DVDs, beides „Time-Killer", um die Freizeit der Konsumenten und benötigen eine ähnliche Medienausstattung als Nutzungsvoraussetzung).

Analogien, die sich für Prognosen eignen, finden sich in der betrieblichen Praxis jedoch recht selten und wenn, dann meist nur für einzelne Projekte oder andere außergewöhnliche Situationen. Laufende Vertriebs-Forecasts lassen sich damit nur selten pflegen.

4.3 Expertenmodelle

Den Expertenmodellen liegt die Annahme zugrunde, dass Fachleute aufgrund ihres Wissens und ihrer Erfahrungen die Zukunft abschätzen können. Anders als beim rollierenden Forecast werden einmalig oder zu bestimmten Zeiten Experten, moderiert und methodisch unterstützt, gebeten, eine Absatz- oder Marktprognose zu erarbeiten. Die typischen Techniken sind:

1. Forecast auf Basis von Expertisen
2. Delphi-Befragung
3. Szenariotechnik (die hier jedoch nicht weiter beschrieben wird)
4. Forecasts auf Basis von Kundenbefragungen
5. Forecast Estimation Group

Ad 1: Forecast auf Basis von Expertisen sowie Management-Meinungen

In einer Expertise erstellt ein Experte eine begründete Prognose. Diese Prognose ist entweder bereits der Forecast, oder aber sie ist die Grundlage dafür. Ein solcher Experte kann natürlich ein externer Fachmann sein, aber die wichtigsten Experten finden sich oft im eigenen Unternehmen (auch, wenn nur allzu häufig der Prophet im eigenen Lande nichts gilt). Es sind die Verkäufer, der Vertriebsleiter, der Controller oder auch der für den Vertrieb verantwortliche Geschäftsführer, also all jene, die Erfahrungen mit dem abzuschätzenden Markt haben. Diese sind möglichst unabhängig von einander zu befragen, wobei nicht eine z. B. monatsgenaue Prognose von Auftragseingangswerten im Fokus steht, sondern die Abschätzung eines kumulierten Wertes für einen abgegrenzten Zeitraum, z. B. die Summe der Auftragseingänge in den nächsten vier Quartalen. Die Schätzungen werden mit Sicherheit eine gedankliche Fortschreibung der Vergangenheitswerte sein, aber beeinflusst vom Wissen um das zukünftige Verhalten der Kunden, der Wettbewerber oder der eigenen Produktpolitik.

Prognosen dieser Art werden in die Optimierung des Forecasts einbezogen (Kap. 5). Dort wird sich zeigen, wie treffsicher die „Abschätzung aus dem Bauch heraus" war. Natürlich bleiben Prognosen dieser Art grob, sowohl hinsichtlich der Prognosezeiträume als auch der Einzelwerte, und sind somit eher ein Prüfstein für die Bewertung anderweit erstellter Forecasts. Dennoch: Es sei dringend empfohlen, Experten des eigenen Unternehmens in einem formalen Prozess zu bitten, eine Prognose zu erstellen, deren Qualität ex post geprüft und dem Experten reflektiert wird. Einige Unternehmen machen hieraus sogar einen Wettbewerb, dessen Nutzen zumindest ist, dass sich die relevanten Personen mit der Zukunft intensiv beschäftigen.

Ad 2: Delphi-Befragung

Eine systematische Methode, Expertenmeinungen einzuholen, ist die Delphi-Befragung. Zentrale Punkte sind

- erstens, dass die befragten Experten nicht die Abschätzungen der jeweils anderen Experten erfahren, vielleicht sogar nicht einmal von einander wissen und
- zweitens, dass die Befragung in zwei, ggf. auch drei Iterationen stattfindet.

Ein Moderator stellt den Experten konkrete Fragen, lässt sie also z. B. Prognosen über die zukünftigen Auftragseingänge erstellen. Die Antworten der Experten werden ausgewertet. Je nach Fragestellung werden nun durch den Moderator Konsensmeinungen formuliert, Durchschnittswerte der Einzelprognosen errechnet bzw. Begründungen für unorthodoxe Einschätzungen in die Auswertung übernommen. Es wird jedoch nicht verraten, welcher Experte welche Meinung/Einschätzung hatte. Die Auswertung wird nun vom Moderator den Experten mit der Bitte zur Verfügung gestellt, die eigene Prognose zu überdenken und ggf. zu überarbeiten. Den Personen fällt es sicherlich leichter, ihre Meinung zu ändern, da die übrigen Befragten dies nicht erfahren werden. Die überarbeiteten Prognosen werden wieder eingesammelt und erneut ausgewertet. Es entsteht so in einem zwei-, ggf. sogar dreistufigen Verfahren eine konsensuale Prognose.

Ad 4: Forecasts auf Basis von Kundenbefragungen

Eine vor allem im Marketing übliche Methode der Prognose von Absatzzahlen ist, die anvisierte Zielgruppe zu befragen. Dies können Kunden oder Interessenten sein. Allerdings liefert die Frage „Würden Sie dieses oder jenes Produkt kaufen?" kaum brauchbare Ergebnisse, denn bei der Abschätzung von bedingten Handlungsfolgen sind Menschen unzuverlässig.

Für die Erstellung eines Vertriebs-Forecasts stellen solide Marktforschungen jedoch ähnliche Quellen dar wie Expertisen und können im Vertrieb zur Gegenprüfung von z. B. rollierenden Forecasts verwendet werden.

Ad 5: Forecast Estimation Group

Eine in der Praxis viel zu selten angewandte Methode ist die Schätzung von Absatzdaten durch eine Expertengruppe. Dieser können eigene Mitarbeiter ebenso angehören wie Externe. Grundsätzlich ist es eine Diskussionsrunde, deren Ergebnis ein Forecast ist, der im Dialog entstand. Konsensentscheidungen sind auch brauchbar, wenn keine außergewöhnlichen Schwankungen beim Markttrend zu erwarten sind bzw. diese – wie bei der Szenarioanalyse – als Störgrößen bewusst mit berücksichtigt werden. Die individuellen Prognosen werden normalverteilt um einen Durchschnittswert liegen.

Zwei Vorteile bietet dieses Verfahren: Der erste ist, dass in den Forecast-Prozess Vertreter all derjenigen Funktionalbereiche involviert werden können, die die Prognosen als Grundlage ihrer eigenen Planung verwenden möchten. Da sie nun selbst für den Entstehungsprozess (mit-)verantwortlich sind, sollte die Akzeptanz der Ergebnisse hoch sein. Der zweite Vorteil ist, dass unterschiedliche Sichten in die Prognosetätigkeit einfließen. Jeder Vertreter bringt nicht nur sein Erfahrungswissen ein, er lernt auch von den Einschätzungen anderer.

Eine weitere Variante ist die sich regelmäßig treffende Estimation Group. Diese bietet sich an, wenn Verkaufsinstanzen wenig untereinander kommunizieren, weil sie räumlich oder inhaltlich voneinander getrennt agieren. Moderiert vom Vertriebsmanager oder vom Vertriebscontroller beraten die Leiter der jeweiligen Verkaufsinstanzen bzw. eine Delegation über eine Absatzprognose und verabschieden diese dann. Diese Beratungen sollten regelmäßig stattfinden, z. B. immer dann, wenn jeweils aktualisierte Absatzzahlen vorliegen und somit die Qualität zurückliegender Prognosen neu bewertet werden kann. Die Estimation Group aus Verkäufern zu rekrutieren, hat sich nicht bewährt. Das Ergebnis ist regelmäßig eine interessengeleitete Zielplanung statt einer Prognose.

Die Optimierung von Forecasts kann an mehreren Stellschrauben ansetzen: Der Methode, der Verwendung des Ergebnisses und der Qualität der Inputdaten. Es ist Aufgabe des Vertriebscontrollers, kontinuierlich eine Verbesserung zu versuchen. Nachfolgend werden für diese Aufgabe einige Hilfestellungen gegeben:

5.1 Verbesserung der Forecast-Methode

Es sind drei Grundregeln, die aus einem Forecast einen guten Forecast machen:

Die erste lautet: **Erstelle Forecasts unter Anwendung verschiedener Methoden! Der Durchschnitt der Forecast-Werte ist der genaueste.** Kann kein Durchschnitt gebildet werden, so ist ein Basis-Forecast zu erstellen, der unter Zuhilfenahme weiterer, mittels anderer Methoden erstellter Forecasts justiert wird. Natürlich werden Puristen jetzt aufheulen, aber diese Methode hat sich bewährt! Nachjustierung ist ein Weg, einen Forecast zu verbessern, wie Praxiserfahrungen und – zugegeben erst wenige – Studien zeigen.

Die zweite Regel lautet: **Lasse verschiedene Forecasts mit einander konkurrieren!** Dies darf tatsächlich als Methodenwettstreit verstanden werden. Und der Wettbewerb hat folgende Regel: Jede Art von Forecast muss

- den Naiven Forecast,
- den um einen Trend extrapolierten Naiven Forecast und
- die „Bauchprognose" des Vertriebsleiters

schlagen. Schafft es eine zu testende Methode mehrere Perioden lang nicht, einen besseren Forecast zu liefern, so eignet sie sich nicht.

J. B. Kühnapfel, *Vertriebsprognosen*, essentials,
DOI 10.1007/978-3-658-05525-7_5, © Springer Fachmedien Wiesbaden 2014

Die dritte Regel lautet: **Prüfe kontinuierlich die Präzision des Forecasts.** Oben wurde es bereits beschrieben, aber hier soll es noch einmal besonders heraus gestellt werden: Monat für Monat (bei kürzeren oder längeren Prognoseperioden entsprechend) sind die Istwerte mit den Prognosewerten, und zwar sowohl den ursprünglichen als auch den fortgeschriebenen, zu vergleichen. Und zwar für jeden Typ Forecast. Nur so kann gelernt werden, welcher Forecast-Typ der beste war und ob es systematische Fehleinschätzungen gibt. Besondere Ereignisse werden notiert und deren Auswirkungen auf die Prognosewerte beschrieben. Im Laufe der Zeit wird der Forecast so kontinuierlich verbessert.

Was nicht verschwiegen werden darf, ist, dass so manchem Vertriebscontroller das Argument, eine Überverkomplizierung vermeiden zu wollen, gut zu Pass kommt, weil ihm betriebswirtschaftliches oder mathematisches Wissen fehlt, komplexere Modelle zu rechnen. Erfahrungsgemäß ist es unmöglich, bereits im Vorfeld zu erkennen, ob ein komplexes Verfahren, z. B. eine Regressionsrechnung, nicht doch die bessere Methode sein könnte. Es gehört zweifelsfrei zu den fachlichen Anforderungen an einen Vertriebscontroller, sich mit statistischer Methodik auszukennen.

5.2 Verbesserung der Verwendung des Forecast-Ergebnisses

Ein Forecast erfüllt nicht seinen Zweck, wenn er von den Prognosedatenverwendern ignoriert oder nicht als Grundlage für deren Planungs- oder Steuerungsaufgaben verwendet wird. Sind die Forecast-Daten in einem akzeptablen Bereich korrekt, werden sie aber dennoch nicht verwendet und ist willentliches Ignorieren aus reiner Boshaftigkeit (ja, auch das gehört zum unternehmerischen Alltag, bleibt hier aber unerörtert) ausgeschlossen, so könnte der Fehler in der Art und Weise der Datenbereitstellung zu finden sein. Die typischen Fehlerquellen, die der Vertriebscontroller nacheinander ausschließen kann, sind nachfolgend aufgelistet.

- **Adressierung der Daten**: Erreichen die Daten die planenden Stellen der jeweiligen betrieblichen Funktionalbereiche? Ist bekannt, dass ein Vertriebs-Forecast existiert und dieser mehr Nutzen bietet, als lediglich dabei zu helfen, die Verkaufsinstanzen zu steuern?
- **Frist und Zeitpunkt der Datenbereitstellung**: Werden die Prognosedaten rechtzeitig geliefert, damit sie als Planungsgrundlage anderer betrieblicher Funktionalbereiche dienen können?

- **Synchronität der Planungsperiode:** Sind die im Vertriebs-Forecast abgebildeten Prognoseintervalle ausreichend eng terminiert und entsprechen sie den Planungsintervallen der Funktionalbereiche? Ist der Prognosezeitraum langfristig genug?
- **Ratifizierung der Daten durch das Management:** Hat die Unternehmensführung, meist vertreten durch die für die Unternehmensplanung verantwortliche Stelle bzw. Person, die Nutzung des Vertriebs-Forecasts als Planungsgrundlage angeordnet? Werden statt dessen alternative Planungen, etwa die Daten der Planungsrechnung/Budgetierung, als verbindliche Grundlage verwendet, so dass der jeweilige betriebliche Funktionalbereich eines Fehlers bezichtigt werden könnte, wenn er die vom Vertriebscontrolling bereit gestellten Daten verwenden würde?
- **Bedarfsgerechte Verdichtung oder Dekonstruktion der Daten:** Werden die Daten des Vertriebs-Forecasts bedarfsgerecht aufbereitet, z. B. so, wie es in Tab. 4.5 und den nachfolgenden Tabellen beschrieben wird?

5.3 Verbesserung der Input-Daten

Der Hauptgrund, warum Forecasts suboptimal sind, liegt jedoch weder in der Methode noch in der Präsentation der errechneten Prognosewerte, sondern in der Qualität der Inputdaten. Die meisten Forecasts, zumindest jene des b2b-Sektors, sind rollierend und verarbeiten die Inputdaten, welche die Verkäufer liefern. Jedoch ist zu befürchten, dass diese bei subjektiv einzuschätzenden Inputinformationen (Datum des Auftragseingangs, Wahrscheinlichkeit des Abschlusses und vor der Angebotserstellung auch des Auftragswerts) wie dargestellt derart daneben liegen, dass eine noch so ausgefuchste Methode zu erratischen Daten führen muss.

Ideal wäre, die Inputdaten von Computern liefern zu lassen. Das ist allerdings nur bei kurzfristigen Prognosen auf Basis sehr detaillierter Vergangenheitswerte möglich, z. B. im Lebensmitteleinzelhandel, in dem Kassen- und Dispositionssysteme auf Basis von Abverkaufsdaten automatisch die Bestellung für Waren, deren Bestand zu Neige geht, initiieren. Ansonsten hilft nur, kontinuierlich zu verbessern, zu schulen, zu sensibilisieren und, wenn möglich, die Unterstützung von verkaufsprozessbegleitender Software (Vertriebsunterstützungssysteme, CRM-Systeme, ERP-Systeme usw.) zu nutzen.

Anwendungsbeispiel: Der Forecast eines Maschinenbauers

6

Die Auslastungsplanung der (fiktiven) *Westfälische Rollenlagerunion* ist unbefriedigend: Die Lieferzeit der vier verschiedenen Maschinentypen zur Bearbeitung von Rollen-, Kugel-, Kegel- oder Wälzlägern ist länger als bei Wettbewerbern, denn die Produktion erfolgt erst nach Auftragseingang. Pro Jahr bearbeitet die Produktion zwischen 150 und 250 Aufträge für je eine bis zehn Maschinen. Die Rollenlagerunion möchte nun umstellen und schon mit der Produktion beginnen, sobald ein Auftrag mit einer noch von der Unternehmensleitung festzulegenden Wahrscheinlichkeit eingehen wird. Kommt der Auftrag nicht, ist es ohne größeren Aufwand möglich, die teilfertige Maschine einzulagern und dann für einen anderen Auftrag fertig zu stellen. Somit benötigt die Produktionsabteilung Prognosedaten. Doch auch die Einkaufsabteilung fragt nun den Forecast nach, denn sie muss die üblichen Roh-, Hilfs- und Betriebsstoffe vorhalten bzw. rechtzeitig beschaffen, ohne durch einen zu hohen Lagerbestand überflüssige Lager- und Kapitalbindungskosten zu verursachen, aber sie muss auch Spezialteile für die jeweiligen Maschinentypen ordern, deren Beschaffung einen gewissen Vorlauf benötigt.

Die Geschäftsführung beauftragt den Vertriebsleiter, der sechs Account Manager führt, aber auch selbst akquiriert, einen rollierenden Forecast auf Monatsbasis zu erstellen. Der Vorlauf soll sechs Monate betragen. Ferner möchte die Geschäftsführung zu Beginn eines jeden Quartals eine Absatzprognose für die kommenden 12 Monate haben, also über die sechs Planungsmonate hinaus einen Ausblick für die darauffolgenden sechs Monate.

Der Vertriebsleiter der *Rollenlagerunion* entscheidet sich zu folgendem Vorgehen:

1. Die Grundlage seines Forecast-Prozesses soll ein rollierender Forecast sein.
2. Für das kommende Jahr soll die Qualität dieses rollierenden Forecasts durch die Einbeziehung mathematischer, vergangenheitsorientierter Modelle (Extrapolationen) abgesichert werden.

J. B. Kühnapfel, *Vertriebsprognosen*, essentials,
DOI 10.1007/978-3-658-05525-7_6, © Springer Fachmedien Wiesbaden 2014

3. Den Jahresausblick wird am Ende eines jeden Quartals eine Estimation Group erstellen. Hierbei soll sie sowohl den rollierenden Forecast für die ersten sechs Monate berücksichtigen, als auch die diversen Extrapolationen.

6.1 Schritt 1: Rollierender Forecast

Der Einstieg ist einfach: Der Vertriebsleiter bittet die Verkäufer (und macht es natürlich auch selbst), ihre erwarteten Projektabschlüsse zu melden. Dabei soll nach Maschinentyp differenziert werden. Die Anforderung an die Verkäufer ist, hier anders als in Kap. 4.2 gezeigt, die Abschlusswahrscheinlichkeit ihrer Projekte selbst zu ermessen. Natürlich wäre auch ein Forecast möglich, in dem sämtliche Verkaufsprojekte erfasst und die jeweiligen Auftragswahrscheinlichkeiten geschätzt und deren Forecast-Werte wie in Tab. 4.5 gezeigt in die Berechnung einbezogen werden. Eine Benennung der konkreten Projekte, also auch der Kunden, soll hinterlegt sein, wird aber in der Forecast-Auswertung nicht angezeigt. Hierfür wird ein Excel-Sheet angelegt, in dem die Sekretärin die gemeldeten Daten einträgt. Es entsteht der in Tab. 6.1 dargestellte Forecast, der je Maschinentyp einen fixen Auftragswert unterstellt.

Aus dieser Tabelle ist grundsätzlich erkennbar, welche Maschinen des Typs A bis D die jeweiligen Verkäufer wann abzusetzen gedenken. Allerdings ist sie wenig übersichtlich. Es sollten also je nach Informationsbedarf weitere Auswertungen gemacht werden. Soll z. B. die individuelle Performance der Verkäufer betrachtet werden, wird eine Summenbildung, wie sie Tab. 6.2 wiedergibt, errechnet.

Natürlich ist auch eine grafische Auswertung möglich, wie es Abb. 6.1 und 6.2 zeigen. Tabellenkalkulationsprogramme bieten hierzu mächtige Hilfsmöglichkeiten.

Ebenso ist eine Auswertung aus Sicht der zu erwartenden Verkaufs- und damit Produktionsmengen der verschiedenen Maschinentypen möglich, wie Tab. 6.3 sie darstellt.

Mögliche Auswertungen in grafischer Form zeigen Abb. 6.3 und 6.4.

Auffällig sind die Schwankungen in der geplanten Absatzmenge, vor allem in den Perioden M + 5 und M + 6. In diesem Falle sind sie jedoch durch die Ferienzeit, die am Ende von M + 4 beginnt und Mitte M + 5 endet, leicht zu erklären, denn direkt im Anschluss an die Ferien sind nur wenige Aufträge zu erwarten. Erst in M + 6 werden wieder mehr Aufträge erwartet.

Der Forecast wird monatlich erstellt und ständig fortgeschrieben. Auch wird er jeweils gespeichert, um im Zeitverlauf die Qualität der ursprünglichen Prognose

Tab. 6.1 Basis-Forecast der Rollenlagerunion

Verkäufer	M-Typ	Monat +1 #	Wert	Monat +2 #	Wert	Monat +3 #	Wert	Monat +4 #	Wert	Monat +5 #	Wert	Monat +6 #	Wert
Kai (VL)	A	0	- €	0	- €	0	- €	1	9.850 €	0	- €	0	- €
	B	1	11.256 €	0	- €	0	- €	2	22.512 €	0	- €	1	11.256 €
	C	0	- €	1	7.854 €	0	- €	0	- €	0	- €	1	7.854 €
	D	0	- €	0	- €	0	- €	0	- €	0	- €	2	20.426 €
Uwe	A	1	9.850 €	0	- €	1	9.850 €	1	9.850 €	1	9.850 €	1	9.850 €
	B	0	- €	0	- €	2	22.512 €	0	- €	0	- €	1	11.256 €
	C	1	7.854 €	1	7.854 €	0	- €	0	- €	0	- €	0	- €
	D	0	- €	1	10.213 €	0	- €	2	20.426 €	0	- €	0	- €
Karl	A	0	- €	1	9.850 €	0	- €	0	- €	0	- €	0	- €
	B	1	11.256 €	1	11.256 €	1	11.256 €	0	- €	0	- €	2	22.512 €
	C	0	- €	0	- €	1	7.854 €	0	- €	1	7.854 €	0	- €
	D	1	10.213 €	0	- €	1	10.213 €	1	10.213 €	0	- €	0	- €
Lars	A	1	9.850 €	0	- €	0	- €	1	9.850 €	1	9.850 €	1	9.850 €
	B	0	- €	0	- €	0	- €	0	- €	0	- €	1	11.256 €
	C	0	- €	1	7.854 €	0	- €	0	- €	0	- €	0	- €
	D	0	- €	0	- €	0	- €	0	- €	0	- €	0	- €
Jan	A	2	19.700 €	0	- €	0	- €	1	9.850 €	0	- €	3	29.550 €
	B	1	11.256 €	0	- €	2	22.512 €	1	11.256 €	1	11.256 €	1	11.256 €
	C	1	7.854 €	0	- €	0	- €	0	- €	1	7.854 €	0	- €
	D	0	- €	0	- €	0	- €	0	- €	2	20.426 €	0	- €
Kim	A	1	9.850 €	0	- €	0	- €	0	- €	0	- €	1	9.850 €
	B	2	22.512 €	0	- €	0	- €	1	11.256 €	0	- €	0	- €
	C	1	7.854 €	1	7.854 €	3	23.562 €	0	- €	0	- €	1	7.854 €
	D	0	- €	1	10.213 €	1	10.213 €	0	- €	0	- €	1	10.213 €
Pia	A	0	- €	0	- €	0	- €	2	19.700 €	0	- €	0	- €
	B	0	- €	2	22.512 €	0	- €	0	- €	0	- €	0	- €
	C	0	- €	0	- €	0	- €	1	7.854 €	1	7.854 €	1	7.854 €
	D	0	- €	1	10.213 €	1	10.213 €	0	- €	0	- €	0	- €

messen und bewerten zu können. Er erfüllt die Erwartungen und befriedigt die Informationsbedürfnisse der Produktions- und der Einkaufsabteilung.

6.2 Schritt 2: Extrapolationen

Aus der Auftragserfassung, die in der Kostenrechnung nachgehalten wird, stellt der Vertriebsleiter die Auftragsdaten der Vergangenheit zusammen. Er lässt die Daten nach Maschinentyp und Wert erfassen, um eine differenzierte Prognose durchführen zu können. In Abb. 6.5 sind exemplarisch die summarischen Auftragseingänge der letzten zwei Jahre für alle Maschinen dargestellt, hier nach Anzahl, was Produktion und Einkauf am meisten interessiert. Selbstverständlich bietet sich an, die Extrapolationen auch für die Auftragswerte durchzuführen, um Informationen für die erwartete monetäre Entwicklung (Umsatz, Deckungsbeitrag, Gewinn, Liquidi-

Tab. 6.2 Forecast der *Rollenlagerunion*, Vertriebsleistung je Verkäufer in den nächsten sechs Monaten

Verkäufer	M-Typ	Summe #	Summe Wert	Summe Verkäufer #	Summe Verkäufer Wert
Kai (VL)	A	1	9.850 €	9	91.008 €
	B	4	45.024 €		
	C	2	15.708 €		
	D	2	20.426 €		
Uwe	A	5	49.250 €	13	129.365 €
	B	3	33.768 €		
	C	2	15.708 €		
	D	3	30.639 €		
Karl	A	1	9.850 €	11	112.477 €
	B	5	56.280 €		
	C	2	15.708 €		
	D	3	30.639 €		
Lars	A	4	39.400 €	6	58.510 €
	B	1	11.256 €		
	C	1	7.854 €		
	D	0	- €		
Jan	A	6	59.100 €	16	162.770 €
	B	6	67.536 €		
	C	2	15.708 €		
	D	2	20.426 €		
Kim	A	2	19.700 €	14	131.231 €
	B	3	33.768 €		
	C	6	47.124 €		
	D	3	30.639 €		
Pia	A	2	19.700 €	9	86.200 €
	B	2	22.512 €		
	C	3	23.562 €		
	D	2	20.426 €		
Anzahl je M-Typ und Monat	A	21	206.850 €		
	B	24	270.144 €		
	C	18	141.372 €		
	D	15	153.195 €		
Gesamt		78	771.561 €		

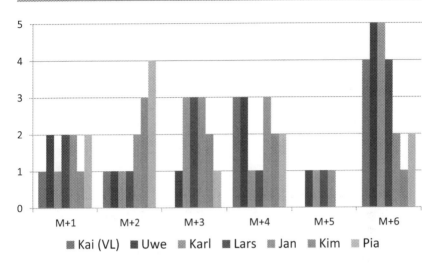

Abb. 6.1 Forecast der *Rollenlagerunion*, Vertriebsleistung je Verkäufer im Vergleich

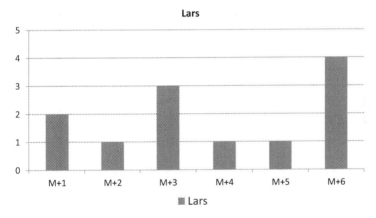

Abb. 6.2 Forecast der Rollenlagerunion, erwartete Vertriebsleistung Lars, hier: Anzahl Aufträge

tät) zu prognostizieren. Dieses ist hier jedoch nicht wiedergegeben. Auch ist die Darstellung als Liniendiagramm mathematisch nicht korrekt, denn es gibt keine Werte zwischen den Monaten; doch lassen sich Liniendiagramme bei zeitlichen Projektionen leichter intuitiv interpretieren.

Tab. 6.3 Forecast der *Rollenlagerunion* für die Produktionsplanung

		Monat +1		Monat +2		Monat +3		Monat +4		Monat +5		Monat +6		Summe	
	M.-Typ	#	Wert	#	Wert	#	Wert	#	Wert	#	Wert	#	Wert	#	Wert
Anzahl je M-	A	5	49.250 €	1	9.850 €	1	9.850 €	6	59.100 €	2	19.700 €	6	59.100 €	21	206.850 €
Typ und	B	5	56.280 €	3	33.768 €	5	56.280 €	4	45.024 €	1	11.256 €	6	67.536 €	24	270.144 €
Monat	C	3	23.562 €	4	31.416 €	4	31.416 €	1	7.854 €	3	23.562 €	3	23.562 €	18	141.372 €
	D	1	10.213 €	3	30.639 €	3	30.639 €	3	30.639 €	2	20.426 €	3	30.639 €	15	153.195 €
Gesamt		14	139.305 €	11	105.673 €	13	128.185 €	14	142.617 €	8	74.944 €	18	180.837 €	78	771.561 €

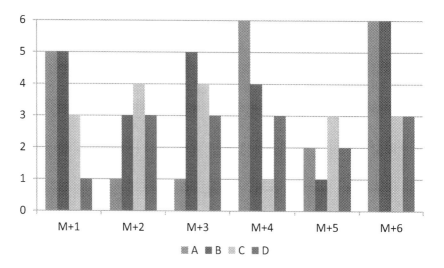

Abb. 6.3 Forecast der *Rollenlagerunion*, Produktionsmenge je Maschinentyp

Tabellenkalkulationsprogramme wie MS Excel erlauben nun auf recht einfachem Wege, sowohl die Trend-Werte zu berechnen, als auch, sie in grafischer Form wiederzugeben (Abb. 6.6).

Die als linearer Trend prognostizierten Auftragszahlen steigen folglich von 14,7 Aufträgen im Januar 2014 auf 17,9 Aufträge im Dezember 2014 an. Insgesamt ist ein Absatz von 195,9 Aufträgen in 2014 zu erwarten. Natürlich sind diese Werte nicht aus der Grafik abzulesen, sondern werden berechnet, wobei Excel sowohl die notwendigen Formeln als auch die Ergebnisse liefert.

Aber Achtung! Der sich in Abb. 6.6 zeigende Trend täuscht! Der Verlauf der Auftragshöhen lässt für die letzten Monate nicht mehr das Wachstum erkennen, dass noch im Jahr 2012 gegen war. Um dies deutlich zu machen, werden die ursprünglichen Daten in einem nächsten Schritt zunächst geglättet, indem der gleitende Durchschnitt der jeweils zurückliegenden fünf Monate berechnet wird. Sodann

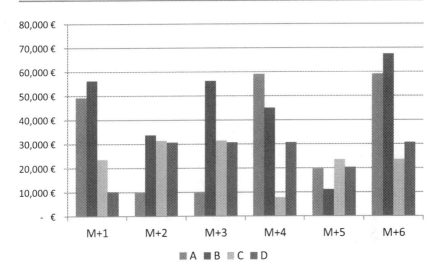

Abb. 6.4 Forecast der *Rollenlagerunion*, Warenwert je Maschinentyp

wird dieser neue, nun geglättete Trend, extrapoliert, nun allerdings nicht mehr als grobe lineare Projektion, bei der ein Strahl wie mit dem Lineal verlängert wird, sondern derart berechnet, so dass der jeweils aktuelle Prognosewert in die Trendextrapolation einbezogen wird. Und siehe da (Abb. 6.7): Das Ergebnis ist ein gänzlich anderes. Nun kann die *Rollenlagerunion* nur noch auf 160,7 Auftragseingänge in 2014 hoffen, und vor allem ist kein nennenswertes Wachstum mehr zu sehen.

Was bedeuten diese Variationen der statistischen Auswertung von Vergangenheitsdaten? Zunächst ist festzustellen, dass die Art und Weise, wie Vergangenheitsdaten in die statistische Methode einbezogen werden, die Prognosen signifikant verändern. Es gibt aber keine eindeutige Vorgabe, **wie** die Vergangenheit zu berücksichtigen ist. Würden wir die statistischen Methoden weiter ausreizen, z. B. exponentiell glätten und anschließend Trends berechnen, bekämen wir sogar noch andere Zukunftsverläufe. Aber welcher ist der richtige? Versuche zeigen deutlich, dass sowohl eine zu geringe als auch eine zu exakte Berücksichtigung der Vergangenheitswerte falsch sein können (sog. „Underfitting" bzw. „Overfitting"). Die Empfehlung ist hier, verschiedene statistische Berechnungen durchzuführen und die Ergebnisse gleichermaßen zu berücksichtigen. Es entsteht ein Korridor möglicher Zukünfte, so, wie er als Raum zwischen der roten und der blauen Projektionskurve in Abb. 6.7 zu erkennen ist, auch, wenn hier exemplarisch nur zwei Arten von Trends berechnet wurden.

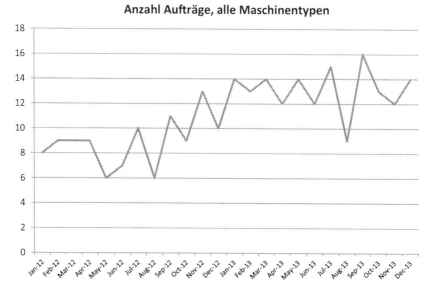

Anzahl Aufträge, alle Maschinentypen

Abb. 6.5 Anzahl Aufträge der *Rollenlagerunion* in den zwei zurückliegenden Jahren

Werden nun die bisherigen drei Forecasts, jener der Verkäufer (Prognose C) und die zwei, die soeben aus Projektionen entstanden sind (Prognosen A und B), mit einander verglichen (Abb. 6.8), so zeigt sich, dass der Verkäufer-Forecast einerseits viel stärker schwankt, aber sich dessen Trendextrapolation durchaus im Wertekorridor der übrigen Prognosen befindet (Anm.: Aber auch hier geht es nicht ohne Statistik: Die Verkäufer schätzen ihre Auftragseingänge lediglich für die nächsten sechs Monate ab, z. B. für Januar 2014 (M + 1) bis Juni 2014 (M + 6). Die Werte für Juli bis Dezember 2014 werden extrapoliert, ohne vorher die Vergangenheitswerte zu glätten).

Für die Jahresprognose ergibt sich der durchschnittliche Auftragseingang, der Tab. 6.4 entnommen werden kann.

6.3 Schritt 3: Quartalsweise Einjahresprognose der Estimation Group

Die Berechnung einer Prognose auf Basis des Durchschnitts verschiedener Forecasts liefert eine gute Grundlage für die Estimation Group. Diese wird vom Vertriebsleiter zusammengestellt und besteht aus ihm selbst, einem erfahrenen

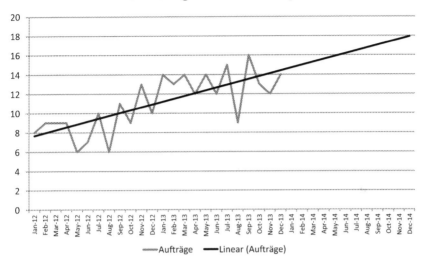

Abb. 6.6 Linearer Trend der Aufträge der *Rollenunion* für 2014

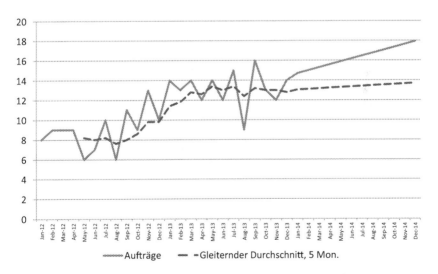

Abb. 6.7 Verschiedene Projektionen der Aufträge der *Rollenlagerunion* ab Januar 2014

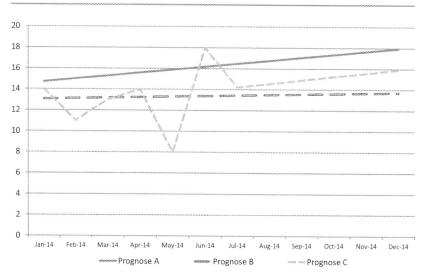

Abb. 6.8 Forecasts der Aufträge der *Rollenlagerunion* für 2014 im Vergleich

Tab. 6.4 Vergleich der Jahresprognosen der *Rollenlagerunion*

Prognose	Aufträge 2014
Prognose A	195,9
Prognose B	160,7
Prognose C	168,3
Durchschnittsprognose	*175,0*

Account Manager, dem Leiter des Controllings, dem für Vertrieb und Marketing verantwortlichen Geschäftsführer sowie einem Mitglied des Beirats, einem erfahrener Kenner des Maschinenbaus. Diese fünf Personen treffen sich jeweils in der vorletzten Woche eines Quartals und haben die Aufgabe, eine 12-Monates-Prognose zu erstellen, die somit alle drei Monate überarbeitet wird. Monatliche Schwankungen der Auftragseingänge nach Menge und Wert spielen dabei nur insoweit eine Rolle, als sie sich im 12-Monats-Ergebnis niederschlagen.

Die Meetings verlaufen stets nach einem einstudierten Muster mit der folgenden Tagesordnung ab:

1. Bericht des Vertriebsleiters über die Auftragseingänge der letzten drei Monate absolut und im Vergleich zur ursprünglichen Prognose.

2. Präsentation des Forecasts auf Basis verschiedener Extrapolationen der nun aktuellen Vergangenheitswerte (Trendkorridor, wie Abb. 6.7) sowie Präsentation des rollierenden Forecasts der Verkäufer.

3. Diskussion der erwarteten Entwicklung des Auftragseingangs unter Berücksichtigung von
   - eigenen Produktentwicklungen der *Rollenlagerunion*,
   - Initiativen und Aktionen von Wettbewerbern,
   - zukünftiger Saisonverlauf, insb. Ferienzeiten,
   - ausstehende Veranstaltungen, die sich auf den Absatz auswirken, z. B. Messen,
   - gesamtwirtschaftliche Situation und drohende marktbeeinflussende Störungen,
   - vermutete Nachfrage nach Lagerbearbeitungsmaschinen sowie wirtschaftliche Situation der tatsächlichen und potentiellen Kunden.

4. Bilden einer Konsensmeinung über den Verlauf der Auftragseingänge in den nächsten 12 Monaten.

Die Summe der monatlich erwarteten Aufträge ist sodann die 12-Monats-Prognose, die für die finanzielle Führung des Unternehmens und zum Abgleich mit den übrigen Forecasts verwendet werden kann.

6.4   Schritt 4: Verwendung der Ergebnisse

Die verschiedenen Prognosen werden regelmäßig im Unternehmen berichtet. Je nach zeitlichem Planungshorizont werden die Forecasts

1. nach **Menge** der erwarteten Auftragseingänge für die Produktion, den Einkauf oder die Planung des Personals sowie
2. nach **Wert** für die Geschäftsführung, das Controlling und hier speziell das Cash Management relevant sein.

Ferner wird das Ergebnis der Estimation Group zur Grundlage der Unternehmensplanung. Schlussendlich wird der Vertriebsleiter aufgefordert, die tatsächliche im Zeitverlauf sich einstellende Entwicklung der Auftragseingänge mit den jeweiligen Prognosen zu vergleichen, um genug Erfahrungswissen aufzubauen, um das Portfolio der verwendeten Forecast-Methoden zu optimieren.

Das Fazit 7

Das Anwendungsbeispiel zeigt, dass der Prognoseprozess in einem Unternehmen in folgenden Schritten abläuft:

1. Festlegung der Zielwerte: Was soll prognostiziert werden?
2. Festlegung der Art und Weise, wie Vergangenheitsdaten verarbeitet werden.
3. Festlegung der Methode: Wie soll prognostiziert werden?
4. Festlegung der Art und Weise, wie die Prognoseergebnisse verwendet werden.
5. Etablieren eines Prozesses zur ständigen Kontrolle der Qualität und zur Verbesserung des Forecasts.

Es zeigt aber auch, wie wichtig es ist, sich nicht nur auf **eine** Prognose zu verlassen, sondern stets mehrere Methoden anzuwenden. Tatsächlich zeigen ausreichend viele Studien, dass ein „Wettbewerb der Methoden" sowie eine Durchschnittswertbildung zu einem besseren Ergebnis führen, als würde nur ein Modell genutzt werden.

Prognosen verlangen methodische Kenntnisse, werden dann aber geeignet sein, einen signifikanten Netto-Wertschöpfungsbeitrag zu leisten, indem sie helfen, Ressourcen in allen betrieblichen Funktionsbereichen dem Bedarf anzupassen. Risikopuffer, Überhänge und Sicherheitspolster können geringer ausfallen, Umsatzausfälle wegen unerwarteter Überlast gehen zurück. Das Prognosen Grenzen haben, dürfte selbstverständlich sein, aber Fehler zeigen sich offen und können durch Erfahrung reduziert werden.

J. B. Kühnapfel, *Vertriebsprognosen*, essentials,
DOI 10.1007/978-3-658-05525-7_7, © Springer Fachmedien Wiesbaden 2014

Literatur

Armstrong, J. S.: Principles of Forecasting. A Handbook for Researchers and Practitioners, Kluwe, New York 2002.

Armstrong, J. S., Morwitz, V. G. & Kumar, V.: Sales Forecasts for Existing Consumer Products and Services: Do Purchase Intentions Contribute to Accuracy? International Journal of Forecasting, Heft 3, 2000, S. 383-397.

Armstrong, J. S. & Brodie, R. J.: Forecasting for Marketing. In: G. J. Hooley & M. K. Hussey (Hrsg.): Quantitative Methods in Marketing. London: International Thompson Business Press, 2. Auflage, 1999, S. 92-119.

Cron, W. L. & Decarlo, T. E.: Sales Management. Concepts and Cases. John Wiley & Sons, New York, 10. Auflage, 2010.

Dalrymple, D. J., 1975. Sales Forecasting Methods and Accuracy. Business Horizons, Dezember, S. 69-73.

Ehrmann, T.: Strategische Planung. Berlin, Heidelberg: Springer, 2006.

Ehrmann, T. & Kühnapfel, J. B.: Das Risiko des Nicht-Hinschauens. Warum Unternehmen ihren Vertriebs-Forecast nur unzureichend pflegen. ZfO - Zeitschrift Führung und Organisation, Heft 4, 2012, S. 249-251.

Gisholt, O:. Marketing-Prognosen unter besonderer Berücksichtigung der Delphi-Methode. Haupt, Bern 1976.

Kahneman, D.: Schnelles Denken, langsames Denken. Siedler, München, 22. Auflage, 2012.

Kahneman, D. & Tversky, A.: The Framing of Decisions and the Psychology of Choice. Science, Ausgabe 211, Januar 1981, S. 453-458.

Kühnapfel, J.: Vertriebscontrolling, Kapitel „Vertriebs-Forecasts". Wiesbaden, Springer-Gabler, Wiesbaden 2013, S. 382-412.

J. B. Kühnapfel, *Vertriebsprognosen*, essentials,
DOI 10.1007/978-3-658-05525-7, © Springer Fachmedien Wiesbaden 2014